Band 0215　Falken Bücherei

Das farbige Pilzbuch

Neubearbeitung und Ergänzung

Karl und Gretl Kronberger

FALKEN-VERLAG · NIEDERNHAUSEN/TAUNUS

ISBN-Nr. 3-8068-0215-7

Farbige Pilzzeichnungen
Christofani, G. Knechtel,
Gretl Kronberger, R. Rath, A. K. Ullmann

Umschlagbild: Echter Pfifferling

Alle Rechte, auch das der Übersetzung,
ausdrücklich vorbehalten. Nachdruck,
auch auszugsweise, nur mit besonderer
Genehmigung des Verlages gestattet.

Gesamtherstellung: H. G. Gachet & Co.,
607 Langen Bez. Frankfurt a. M.

18 17 16 15 14 13 12 11

Inhalt

Seite

Vorwort	6
Zehn Pilzregeln	7
Allgemeines über Pilze	8
Erscheinungsform der Hutpilze	9
Erklärung von Fachausdrücken	11
Die wichtigsten Pilzgruppen	12
Die Bestimmung der Pilze	13
Giftpilze und Pilzgifte	14
Pilzdarstellungen	19
Pilzverwertung	124
Das Eingefrieren von Pilzen	124
Das Trocknen von Pilzen	125
Das Einwecken von Pilzen	125
Pilzkalender	126
Wichtigste Pilzliteratur	127
Verzeichnis der Pilze	128

Vorwort zur Neubearbeitung

Pilzesammeln ist nicht nur eine reizvolle Beschäftigung. — Das Sammeln dieser seltsamen und vielfältigen Gewächse kann für den Naturfreund zur wahren Leidenschaft, das Sehen und Erkennen der Pilze zu richtigen kleinen Abenteuern werden! Wenn er noch dazu Freund leiblicher Genüsse ist, dann ist die Freude doppelt groß. Denn es gibt kaum eine schmackhaftere Bereicherung unserer Speisezettel als ein Pilzgericht.
Die Wissenschaft kennt 150 000 Pilzarten. Das »Farbige Pilzbuch« beschäftigt sich mit den »höheren Pilzen«, auch »Schwämme« genannt. Die Zahl der giftigen im Verhältnis zu den eßbaren Pilzen ist verschwindend klein. Tödlich giftig sind nur sieben Arten, und man kennt nur dreißig Giftpilze insgesamt. Ihnen gegenüber steht eine gewaltige Zahl guter und hervorragender Speisepilze. Trotzdem sterben in der Bundesrepublik jährlich etwa 100 Menschen an Pilzvergiftungen — aus Unkenntnis!
Giftige und genießbare Pilze unterscheiden sich manchmal in nur winzigen Kleinigkeiten voneinander. Und gerade das Nichtbeachten solcher Kleinigkeiten kann schwere, sogar tödliche Vergiftungen zur Folge haben.
Sie alle wissen, wie gefährlich z. B. der Genuß des Knollenblätterpilzes ist. Aber wie oft wurde er schon für den harmlosen Schafschampignon gehalten, wanderte mit in das Sammelkörbchen hinein und richtete schrecklichen Schaden an.
Ihnen, lieber Leser, wird ein solch folgenschweres Versehen nicht passieren. Sie werden mit Hilfe des »Farbigen Pilzbuches« zum »Pilzkenner« werden. Die zuverlässige, übersichtliche Fibel in Ihrer Hand schließt jeden Irrtum aus, wenn Sie an Ort und Stelle gründlich und aufmerksam vergleichen.
Auf den farbigen Bildtafeln folgen den eßbaren Pilzen jeweils ihre giftigen Doppelgänger, beide durch ausführliche Steckbriefe bis ins kleinste beschrieben. Bei den wissenschaftlichen Namen wurde den Bearbeitungen neuer deutscher Pilzforscher gefolgt (s. Literaturverzeichnis Nr. 15 u. 16, Erstautoren in Klammer).
Wir wünschen Ihnen viel Freude bei Ihren Streifzügen durch die Wälder und beim immer neuen Abenteuer des Pilzesammelns.
An dieser Stelle möchten wir Herrn Karl Kronberger und seiner Frau Gretl herzlichen Dank sagen für die Bearbeitung der Neuauflage des vorliegenden »Farbigen Pilzbuches« und für alle Mühe und Sorgfalt, mit der sie das Büchlein zur wirklich zuverlässigen Lehr- und Anschaufibel entwickelten.
Schließlich danken wir Herrn Willi A. Mürre, Leiter des Mercator-Verlages, Bayreuth, für die Überlassung von 49 farbigen Pilzvorlagen.

Zur Beachtung: DER VERLAG

† ungenießbar oder bedingt genießbar

†† giftig

††† tödlich giftig

Zehn Pilzregeln

1 Sammle nur solche Pilze, von denen Du sicher weißt, daß sie genießbar sind. Alle anderen lasse stehen.
Zwiebel und silberner Löffel sind in keinem Fall Prüfmittel für die Giftigkeit.

2 Sammle möglichst junge, aber keine ganz jungen Pilze. Alte, durchwässerte und angefaulte Exemplare schmecken nicht gut und können eine giftige Wirkung haben.
Sammle deshalb nie Pilze nach lange andauerndem Regenwetter, da sie infolge des übermäßig hohen Wassergehaltes viel schneller faulen als trockene.

3 Achte auf den Stiel des Pilzes!
Knollen am Stielende und Manschetten am Schaft sind äußerst wichtige Erkennungsmerkmale. Darum pflücke sie sorgfältig. Das Abschneiden hat den Nachteil, daß die Stielbasis (Erkennungsmerkmal!) im Boden zurückbleibt. Deshalb grundsätzlich nicht abschneiden, sondern herausdrehen. Nur gewisse Holzbewohner, z. B. Hallimasch, Stockschwämme etc. werden abgeschnitten.

4 Reinige die Pilze sofort am Sammelort von Erde, Laub und Tannennadeln! Fraßstellen oder leicht angefaulte Teile sorgfältig wegschneiden.

5 Benutze zum Sammeln druck- und stoßfeste Behälter (Körbe, Eimer oder Kartons)! Keine Plastikbeutel!
In Rucksack, Tüten, Beuteln oder Säckchen werden die Pilze zerdrückt, unansehnlich und verderben leicht.

6 Entferne beim Putzen nur alte Röhren und nur wo notwendig die Huthaut.

7 Zerstöre nie Pilze, die Du nicht kennst oder nicht bestimmen kannst. Freue Dich an ihrer Schönheit und gönne auch anderen diese Freude, zumal die Pilze weiteren Sammlern von Nutzen sein können. In diesem Buche sind 105 der wichtigsten heimischen Pilze abgebildet; es gibt aber allein in Deutschland etwa 3000 verschiedene Arten Großpilze.

8 Laß auch die für Menschen ungenießbaren Pilze stehen; sie sind oft noch Nahrung für das Wild, eine Zierde des Waldes und von großer Bedeutung für den Haushalt der Natur.

9 Das Sammelgut zu Hause sofort putzen. Wenn die Pilze nicht gleich verwendet werden können, flach ausbreiten, kühl und luftig lagern. Nicht in den Kühlschrank, sondern auf den Balkon oder an das offene Fenster, oder gleich zum Trocknen auslegen.

10 Bei auftretenden Pilzerkrankungen unbedingt s o f o r t den Arzt holen. Beachte die Hinweise Seite 14—18.

Allgemeines über Pilze

Das, was wir als P i l z e (auch Schwämme) bezeichnen, umfaßt keineswegs die ganze Pilzpflanze, sondern entspricht im allgemeinen mehr dem, was wir bei den sogenannten »Höheren Pflanzen« (grünen Kräutern, Bäumen und Sträuchern) als die Frucht bezeichnen, die ihrerseits wiederum Träger der Samen ist. Die eigentliche Pilzpflanze — es sollen hier auch wieder nur die sogenannten »Höheren Pilze« berücksichtigt werden, zu denen unsere Speisepilze und die ihnen verwandten Giftpilze gehören — lebt im Boden und bleibt dem Sammler damit in der Regel verborgen.

Eine Spore muß, damit die Pilzpflanze entstehen kann, wie der Same der höheren Pflanzen in günstige Verhältnisse gelangen, zu denen neben einem geeigneten Nährboden vor allem ein bestimmtes Maß an Feuchtigkeit und Wärme gehört. Der Waldboden mit seiner Vielzahl an pflanzlichen Aufbaustoffen ist dafür ganz besonders geeignet, zumal er Feuchtigkeit und Wärme über lange Zeit festzuhalten vermag.

Bei diesen günstigen Verhältnissen beginnt die Spore zu keimen, indem sie einen sogenannten Keimschlauch bildet, der an seiner Spitze weiterwächst und schließlich zu einem Pilzfaden (Hyphe) wird. Bei den höheren Fadenpilzen verzweigen sich die einzelnen Fäden oder Hyphen und bilden ein einfaches oder auch kompliziertes Geflecht aus Hyphen, das Fadengeflecht oder Myzelium. Dieses durchwächst den Nährboden, auf dem es sich entwickelt hat, nach allen Richtungen und dient damit in erster Linie, ähnlich den Wurzeln, der Befestigung des Pilzes im Boden. Gleichzeitig hat es aber auch die Aufgabe, die im Boden befindlichen Nährstoffe aufzunehmen und an den Pilz weiterzuleiten. Das Myzelium, für dessen Entwicklung immer auch ein gewisser Grad an Dunkelheit erforderlich ist, entwickelt sich daher immer unterirdisch. Erst wenn es einen bestimmten Entwicklungszustand erreicht hat, kommt es zur Ausbildung des Fruchtkörpers, den man als Pilz bezeichnet.

Er entsteht zunächst in Form einer kleinen Anschwellung an den Enden von Pilzfäden, vergrößert sich jedoch bei entsprechender Ernährung sehr bald und wird dann bei den verschiedenen Pilzarten zum eigentlichen Fruchtkörper von unterschiedlicher Gestalt und Größe. An ihm bilden sich schließlich, bei den einzelnen Pilzgruppen auf verschiedene Weise, die neuen Fortpflanzungskörper, die Sporen.

Zum besseren Verständnis sei an dieser Stelle noch etwas näher auf Nährboden und Myzelium eingegangen.

Pilze besitzen kein Blattgrün wie die höheren Pflanzen. Das bedeutet, daß sie bereits vorbereitete und verarbeitete, sogenannte organische Nährstoffe aufnehmen müssen. Das fehlende Blattgrün nimmt ihnen die Fähigkeit, wie die grünen Pflanzen mit Hilfe des Sonnenlichtes aus dem Kohlendioxyd der Luft Kohlenhydrate (Zucker und Stärke) aufzubauen.

Solche bereits verarbeiteten organischen Nährstoffe finden die Pilze in den abgefallenen und vermoderten Pflanzenteilen, wie sie insbesondere der Waldboden reichlich bietet. In diesen verfaulenden Pflanzenresten wächst und lebt die Pilzpflanze, das Myzelium.

Erscheinungsform der Hutpilze

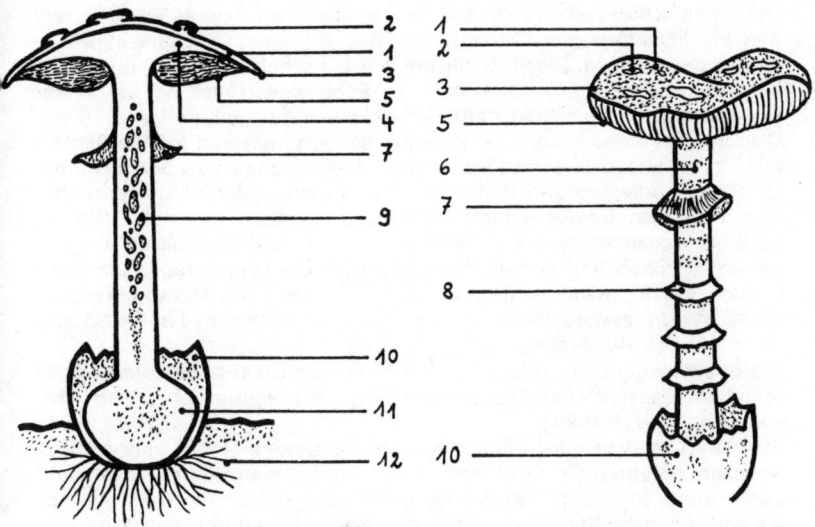

1. »Hut« des Pilzes.
2. Oberhaut des Pilzhutes mit flockigen Resten der früheren Hülle.
3. Hutrand, bei manchen Pilzen fransig infolge des Überstehens der Oberhaut.
4. Hutfleisch.
5. Fruchtschicht des Pilzhutes. Sie kann aus Blättern, Röhren, Poren oder Stoppeln bestehen.
6. Stiel des Pilzes.
7. Stielring oder Stielmanschette. Überrest einer beim jugendlichen Pilz vorhandenen inneren Hüllschicht, welche Hutrand und Stiel verbindet und die Fruchtschicht schützt.
8. Manche Pilze tragen noch weitere Stielringe oder haben einen gefaserten Stiel.
9. Das Stielfleisch kann fest, markig oder hohl sein.
10. Reste der äußeren Hüllschicht, welche beim jungen Pilz Hutrand und Stielfuß verbindet wird als Scheide bezeichnet.
11. Stielknolle (nicht nur bei Wulstlingen!).
12. Pilzmyzel, wurzelähnliche Fäden, aus welchen sich der Pilz jährlich erneuert.

Allerdings läßt sich in diesem Zusammenhang eine interessante Feststellung treffen: im Bereich des Myzeliums wird der Graswuchs gleichfalls gefördert. Sowohl am inneren wie am äußeren Rande des sogenannten »Hexenringes« (das Myzelium wächst ringförmig weiter) wächst das Gras viel üppiger als in der Mitte oder zwischen dem inneren oder äußeren Rande der Kreise. Dies ist darauf zurückzuführen, daß das Myzelium eine gewisse Menge von Ammoniaksalzen produziert, welche dem Gras zugute kommt. Damit unterstützt das Myzelium durch Abgabe von Nährstoffen die Pflanzen seiner Umgebung, lebt jedoch andererseits selbst von den vermoderten Abfallstoffen gerade dieser Pflanzen.

Der eigentliche Fruchtkörper, der Pilz, entsteht, wie bereits erwähnt, aus den knöllchenförmigen Verdickungen der aus dem Myzelium aufwärtsstrebenden Hyphen. Diese Knöllchen werden schnell größer und nehmen bei den meisten Pilzen schon bald die Form eines Hutes an, der in der Regel von einem verschiedenartig entwickelten Stiel getragen wird.

Die Unterseite des Hutes besteht entweder aus Lamellen (dünne Blätter) oder aber aus unterschiedlich langen, feinen, engeren oder weiteren, rundlichen oder eckigen Röhrchen. Die Stachel- oder Stoppelpilze dagegen besitzen auf der Hutunterseite charakteristische Stacheln. Dies gilt für die sogenannten Hutpilze. Bei anderen, wie den Keulenpilzen, Ziegenbärten, Morcheln und Becherpilzen, finden wir die Sporenträger, um diese handelt es sich nämlich hier, auf der Außenseite des Pilzkörpers oder Hutes. Wieder andere, wie die Stäublinge und Trüffeln, bilden die Sporen im Innern des Pilzkörpers.

Die Bestimmung eines Pilzes hängt sehr wesentlich vom Bau dieser Sporenträger, speziell vom Bau der Lamellen und Röhren, ab (siehe »Bestimmung eines Pilzes«).

Sind die Lamellen oder Röhren nur an der Unterseite des Hutes angewachsen, berühren den Stiel also nicht, so nennt man sie frei (Wulstlinge, Schirmlinge, Champignons). Einige Schirmlinge haben zwischen den Lamellen und dem Stiel noch einen häutigen oder knorpeligen Ring, ein sogenanntes Kollar eingeschaltet, das die Lamellen von der Stielspitze trennt. Man nennt das »vom Stiel abstehend«. Sind die Lamellen oder Röhren gegen den Stiel hin nach oben abgerundet oder um den Stiel herum ausgeschnitten, so daß um den Stiel eine Versenkung oder Vertiefung entsteht, so bezeichnet man dies als abgerundet, angeheftet oder ausgebuchtet, eine Befestigungsart, wie sie für die Ritterlinge und Rüblinge unter den Blätterpilzen sowie für die Mehrzahl der Röhrlinge charakteristisch ist. Zuletzt schließlich können die Lamellen, Röhren oder Stacheln mit ihrer ganzen Breite am Stiele angewachsen sein oder sogar noch mehr oder weniger über den Stiel hinablaufen, wie dies für die Trichterlinge, Schnecklinge, Ellerlinge und Leistlinge sowie für viele Röhrlinge und fast alle Stachelinge typisch ist.

Erklärung von Fachausdrücken

parabolischer Hut

kegeliger Hut

halbkugeliger Hut

abgeflachter Hut

gewölbter Hut

gebuckelter Hut

schüsselförmiger Hut

genabelter Hut

trichterförmiger Hut

Lamellen frei, »Burggraben«

Lamellen angeheftet

Lamellen angewachsen

Lamellen herablaufend

Die wichtigsten Pilzgruppen

Wir unterscheiden je nach ihrer Entstehungsweise folgende Pilze:

1. Blätterpilze

Die Sporen entstehen auf der Oberfläche von blattartigen Gebilden (Blätter, Lamellen) auf der Unterseite der hut- oder schirmähnlichen Fruchtkörper. Die Lamellen sind gewöhnlich radial vom Rande des Hutes gegen den Stiel angeordnet. Dabei sind die Blätter entweder weich und biegsam oder auffallend spröde und brüchig wie bei den Täublingen und Milchlingen.

Bei einer Anzahl von Pilzen ist der Hut von einer sog. Hülle (äußere Hülle) umschlossen, die in der Jugend den Pilz wie eine Eierschale umgibt. Im Verlaufe der weiteren Entwicklung zerreißt sie und bleibt in Form von Hautfetzen oder Tupfen auf der Hutoberfläche zurück. Mitunter sind die Pilze neben dieser äußeren Hülle auch mit einer sog. inneren Hülle versehen, die Hutrand und Stiel in jungem Zustand verbindet und die Blätter vollkommen einschließt. Im Laufe der Entwicklung des Hutes platzt sie, reißt am Hutrand ab und bleibt dann am Stiel in Form eines häutigen Ringes oder einer Manschette zurück. Zuweilen ist diese innere Hülle nur spinnengewebartig oder fädig (Schleier) und verschwindet später ganz.

Die Blätterpilze sind die bedeutendste Gruppe der Hutpilze und stellen daher nicht nur die meisten eßbaren, sondern auch die meisten ungenießbaren und giftigen Arten.

Für die einzelnen Gruppen der eßbaren, giftigen und ungenießbaren Pilze gibt es keine allgemeingültigen Regeln.

Bei allen Blätterpilzen kann den Anfänger nur die Kenntnis der wirklich giftigen Arten vor Schaden bewahren!

2. Röhren- oder Porenpilze (Löcherpilze)

Die Sporen entstehen auf der Innenseite von Röhren, Löchern oder Poren, welche die Unterseite des Hutes bedecken. Dabei unterscheiden sich die eigentlichen Röhrenpilze von den Porenpilzen (Porlinge) dadurch, daß sich bei ersteren die Röhrenschicht leicht vom Hutfleisch trennen läßt und die Röhren einen mehr oder weniger großen Durchmesser haben, während die Porenpilze meist nur nadelstichgroße, feine Öffnungen besitzen, die mit dem Hutfleisch in der Regel ziemlich fest verwachsen sind.

Während die Röhrenpilze mehrere giftige Vertreter aufweisen, sind die Porenpilze, sofern sie weich (nicht holzig) und von angenehmem (nicht bitterem) Geschmack sind, eßbar.

3. Stachelpilze

Die Sporen entstehen an der Außenseite von kleinen Zapfen oder Stacheln, die sich auf der Unterseite des Hutes befinden. Die Stachelpilze haben keinen giftigen, aber verschiedene ungenießbare (Bildtafel 99) Vertreter und sind, soweit sie weich (nicht lederartig oder holzig) sind und angenehm schmecken, eßbar.

4. Strauch- oder Korallenpilze
Die Fruchtkörper sind nicht hutförmig, sondern strauchartig verzweigt und verästelt. Ihre Sporen entstehen auf der Außenseite der Verzweigungen. Auch diese Pilze haben mehrere giftige Vertreter.

5. Staubpilze (Stäublinge — Boviste)
Die Fruchtkörper sind knollenförmig, kugelig oder birnenförmig. Die Sporen entstehen im Innern der Fruchtkörper, aus denen sie bei der Reife durch unregelmäßiges Zerreißen derselben oder durch eine regelmäßige, zentrale Öffnung am Scheitel des Fruchtkörpers in Form eines dichten Staubes austreten. Ihre Verwandten, die ungenießbaren Erdsterne, sind als Zierde des Waldes zu schonen (Bildtafel 121). Auch die Staubpilze sind in jungem Zustand, solange sie noch weiß und weich sind, alle eßbar. Nur ein einziger Vertreter, der Kartoffelbovist, ist giftig.

6. Schlauchpilze
Die Sporen werden in eigenen Organen, den sog. Schläuchen, gebildet, das heißt, sie entstehen nicht frei nach außen, aber auch nicht frei im Innern. Die Schläuche sind ihrerseits wieder parallel nebeneinander in die eigentlichen Fruchtkörper eingesenkt. Je nach der Ausbildung der Fruchtkörper unterscheidet man:

a) Morcheln und Lorcheln
Die ersteren besitzen kegelförmige Fruchtkörper, die mit grubenartigen Vertiefungen versehen sind, in denen die Schläuche eingebettet liegen. Bei den Lorcheln sind die Hüte durch darm- oder gehirnähnliche Wülste gekennzeichnet. Die Sporenschläuche sind auf ihrer gesamten Oberfläche eingesenkt. Die **Morcheln** sind alle ohne Ausnahme eßbar. Die giftige bzw. ungenießbare sog. **Gicht- oder Stinkmorchel** (Bildtafel 119) ist keine Morchel, sondern nur wegen ihrer Ähnlichkeit so genannt. Unter den Lorcheln gibt es zwei giftige Vertreter: die Frühjahrslorchel (Bildtafel 115) und die Riesenlorchel.

b) Becherpilze
Sie besitzen becher-, muschel- oder ohrähnliche Fruchtkörper, auf deren Innenseite die Sporenschläuche eingesenkt sind. Sie sind nicht alle eßbar. Bildtafel 120 zeigt den giftigen Kronenbecherling.

c) Trüffeln
Unterirdisch wachsende, knollige Fruchtkörper, in deren Innern die Sporenschläuche unregelmäßig verteilt sind. Auch Trüffeln sind nicht alle eßbar.

Die Bestimmung der Pilze

Es gibt verschiedene Pilzsammler. Die einen suchen konstant nur ihre »Leibpilze« (Steinpilze, Birkenpilze, Eierschwämmle usw.) und nehmen nur diese mit. Aus Gedankenlosigkeit stoßen sie andere Pilze um. Das ist eine schändliche Unsitte!

Die ernsthaften Pilzfreunde richten ihr Augenmerk auf jene Pilze, die sie noch nicht kennen. Ihnen ist zu raten, mindestens zwei verschieden entwickelte Exemplare einer solchen Art unbeschädigt nach Hause zu nehmen. Die Hauptmerkmale der einzelnen Pilzgruppen sind in dem Abschnitt »Allgemeines über Pilze« (Seite 8) übersichtlich zusammengestellt, so daß es nicht schwer ist, die Art zu erkennen. Interessierte Pilzforscher haben sicher mehrere Pilzbücher zur Verfügung. Eine Auswahl der wichtigsten Literatur befindet sich am Schluß des Buches. Außerdem gibt es in den größeren Städten amtliche Pilzberatungsstellen, wo geprüfte Pilzkenner gerne Aufschluß geben und auch Pilzexkursionen durchführen.

Eine hervorragende Hilfe beim Bestimmen der Pilze ist der Geruch, den fast alle Pilze ausströmen. Allerdings gehört dazu eine feine Nase. Wer seine Nase durch Rauchen und Schnupfen verdorben hat, wird keinen Pilzgeruch wahrnehmen. Auch für gute Nasen bedarf es dauernder Übung. Man muß die Pilze auf der Unterseite oder an der Stielbasis immer wieder »beschnuppern« oder Blätter zwischen den Fingern reiben. Die Gerüche sind so typisch, daß man sofort sagen kann, um welchen Pilz es sich handelt.

Nur einige besondere Beispiele:

Bei den Täublingen gibt es fünf in Farbe sehr verschieden auftretende Arten; aber alle mit starkem Heringsgeruch, die Heringstäublinge. Ein anderer Täubling riecht nach Zedernholz, der giftige Zedernholztäubling. Einer riecht an der Stielbasis nach Apotheke (Jodoform), der Jodoformtäubling. Damit ist die Geruchskala der Täublinge noch lange nicht erschöpft. Besonders wichtig ist der Geruch als Erkennungsmerkmal bei unseren gefährlichen Giftpilzen.

Der Grüne Knollenblätterpilz riecht nach Honig (Kunsthonig), der Gelbe Knollenblätterpilz deutlich nach Kartoffelkeller und der Pantherpilz nach Rettich. Bei den Pilztafeln ist stets der Geruch angegeben. Ein ausführliches Verzeichnis der Gerüche enthält der 1. Band des Handbuches für Pilzfreunde (siehe Literaturverzeichnis Nr. 15).

Es wird wohl manche Frage offen bleiben, die im Rahmen dieses kleinen Pilzbuches nicht gelöst werden kann. Zum weiteren Studium verweise ich auf die Pilzliteratur Seite 126.

Giftpilze und Pilzgifte

Vorbemerkung: Es wird so viel von erster Hilfe bei Pilzvergiftung gesprochen. Aber vielfach ist die erste Hilfe-Leistung, wie sie von Laien gewöhnlich geübt wird, fehl am Platz. Keine Pilzvergiftung gleicht der anderen. Jede verlangt besondere Maßnahmen. Darum ist es außerordentlich wichtig zu erfahren, welcher Pilz die Vergiftung hervorgerufen hat. Abfälle vom Reinigen der Pilze und Reste des Pilzgerichtes sind sicherzustellen. Erst dann ist der Arzt in der Lage, die speziellen Medikamente zu verabreichen und die notwendigen Hilfeleistungen anzuordnen.

Also bei allen Pilzvergiftungen sofort den Arzt rufen, der alles Weitere veranlassen wird.

Vor Jahren zählte man drei schwerstgiftige und etwa 20 weniger giftige Pilze. Die Jahr für Jahr vorkommenden Pilzvergiftungen brachten neue Erkenntnisse und die Zahl der Giftpilze stieg erheblich. Heute spricht man von 80 Giftpilzen, wovon 20 Arten besonders gefährlich sind. Die tödlich giftigen Pilze enthalten Protoplasmagifte (Phalloidin, Phallin und Amanitin).

Es sind dies der Grüne Knollenblätterpilz (Amanita phalloides) (Bildtafel 35), der Weiße Knollenblätterpilz (Amanita verna) (Bildtafel 36) und der Kegelhütige Knollenblätterpilz (Amanita virosa).

Erste Anzeichen einer Vergiftung mit Knollenblätterpilzen treten nach 8—24 Stunden auf (Erbrechen, Durchfall, Krämpfe). Aber meist ist es dann zu spät; denn das Gift ist durch den Blutstrom längst im Körper verteilt und greift lebenswichtige Organe (Leber, Nieren, Herz und Gehirn) an. Damit wird ein allgemeiner Verfall eingeleitet. Unstillbarer Durst quält den Vergifteten.

Bei so spät einsetzenden Vergiftungserscheinungen ist der Verdacht auf Genuß von Knollenblätterpilzen gerechtfertigt. Es gibt aber einen tödlich giftigen Pilz Dermocybe orellana, den dunkelfuchsigen Hautkopf, bei dem die Vergiftungserscheinungen erst nach 3—14 Tagen auftreten. Der Tod folgt nach 161 Tagen. (Erst 1957 wurde das Gift dieses Pilzes entdeckt.) Ebenso giftig sind zwei kleine Schirmpilze (Lepiota scobinella und Lepiota brunneo incarnata). Erst 1930 als gefährliche Giftpilze entdeckt. Nach 6 bis 12 Stunden nach dem Genuß beginnen die ersten Vergiftungserscheinungen.

Zu der Gruppe der gefährlichen Giftpilze gehört auch die Frühjahrslorchel (Gyromitra esculenta) (Bildtafel 115) und die Riesenlorchel (Gyromitra gigas). Die Vergiftung tritt in 2—6 Stunden nach Genuß auf (Mattigkeit, Kopfschmerzen, Durst, Vollgefühl, Übelkeit, heftiges Erbrechen, wässerige Durchfälle mit Blut und Schleim). Verantwortlich dafür macht man die Helvellasäure. Trotz Abkochen kommen immer wieder Todesfälle vor. Vor einigen Jahren entdeckte man eine tödlich wirkende chemische Verbindung, die man mit dem Namen Gyromitrin bezeichnete.

Sofort Arzt rufen! Einweisung in ein Krankenhaus.

In die Gruppe der ernst zu nehmenden Giftpilze gehört auch der Kronenbecherling (Sarcosphaera eximia [Dur. et Lev.] R. Mre. = S. coronaria Jacq.) (Bildtafel 120), der auf Kalk im Juni und Juli truppweise auftritt. Folgen der Vergiftung (Anzeichen wie bei der Frühjahrslorchel) Nierenerkrankung, innere Blutungen, Zerstörung der roten Blutkörperchen.

Bei einer weiteren Pilzgruppe treten die Vergiftungserscheinungen beim Genuß oder kurz danach auf. In der Regel kommt es weder zu Erbrechen noch zu Durchfällen. Die Nervengifte Muscarin und Pilzatropin bewirken eine starke zentrale Erregung mit rauschartigen Verwirrungszuständen — Weinen, Lachen, schließlich Tobsucht. Nach den Erregungszuständen folgt ein narkoseähnliches Lähmungsstadium, Bewußtlosigkeit.

Wieder ist es notwendig, sofort den Arzt zu rufen. Unterdessen kann versucht werden, Magen und Darm zu entleeren, soweit der Vergiftete noch bei Bewußtsein ist.

Zu dieser Gruppe gehören Amanita pantherina, Pantherpilz (Bildtafel 37) und der Fliegenpilz (Bildtafel 43) und dessen Varietät Amanita regalis (Fr.) R. Mre = Königsfliegenpilz (= Amanita umbrina Fr.).
Im Fliegenpilz befinden sich zwei Hauptwirkstoffe, Muscarin und Muscaridin. Diese verschieben sich jeweils nach dem Standort und wechseln das Mengenverhältnis. Der Fliegenpilz wird dadurch in manchen Gegenden Sibiriens als Rauschmittel benutzt; denn das Muscarin bewirkt auf die Großhirnrinde Rauschzustände.

Ähnliche »Magische Pilze« verwendet man in Südmexiko, doch diese gehören zu der Gattung Psilocybe (Kahlköpfe), 11 Arten, Stropharia (Träuschling), eine Art, und Conocybe (Samethäubchen), eine Art.

Weiterhin gehören der Nervengift-Gruppe folgende Pilze an:

Inocybe patouillardii = Ziegelroter Rißpilz (Bildtafel 72). Dieser hat 20mal mehr Muscarin wie der Fliegenpilz, ferner Inocybe napipes = Rübenfüßiger Rißpilz, Inocybe geophylla = Erdblätteriger Faserkopf und zahlreiche andere schwergiftige Rißpilze. Erst 1965 verspürte eine dreiköpfige Familie Vergiftungserscheinungen nach dem Genuß von Gulasch. Die Frau fand in dem Rasen ihres Vorgartens sechs kleine Pilze, die sie für Nelkenschwindlinge (Marasmius oreades) (Fr. ex Bolton) hielt und in das Fleischgericht tat. 30 Minuten nach dem Essen kam starker Schweißausbruch, Durchfall (keine Magenschmerzen), vermehrte Harnabsonderung, Unruhegefühl, teilweise Schüttelfrost. Nach einer Stunde traten Sehstörungen auf, die sich in der zweiten Stunde noch steigerten. Die Patienten kamen sofort in die Klinik. Ein Pilz wurde noch im Garten gefunden und der Pilzstelle vorgelegt und von dieser einwandfrei als Inocybe praetervisa Quel. (Gerandetknolliger Rißpilz) identifiziert. Die entsprechende Behandlung konnte nun vorgenommen werden und nach 4—5 Stunden wurden die Patienten entlassen. Dieser Fall beweist klar die hohe Giftigkeit mancher Rißpilzarten. Der Pilz wurde bereits 1925—1928 zu den am schwersten giftigen Rißpilzen gezählt. Jeder hatte doch nur ganz wenig von diesem Giftpilz gegessen und diese unerwartete Wirkung! Ein Vorteil bei Rißpilzvergiftungen ist die Tatsache, daß die Vergiftungserscheinungen sofort auftreten und Hilfeleistungen dementsprechend rasch erfolgen können. Ferner zeigt sich hier wieder deutlich, daß amtliche Pilzberatungsstellen außerordentlich wichtig sind.

Einige Trichterlinge sind ebenfalls genau zu unterscheiden wie der Rinnig bereifte Trichterling (Clitocybe rivulosa), der Rasentrichterling (Clitocybe dealbata), Bleiweißer Trichterling (Clitocybe cerussata) sowie einige Fälblinge, die etwas Muscaringehalt haben.

Die Rötlinge (Rhodophyllus) sind auch mit Vorsicht zu ernten. Der gefährlichste unter ihnen ist der Riesenrötling (Rhodophyllus sinuatus) (Bildtafel 81).

Er ist nicht tödlich, aber doch gefährlich giftig (zwei Todesfälle von Kindern sind bekannt).

15—60 Minuten nach der Mahlzeit setzt heftiges Erbrechen und starker Durchfall ein, es folgen anhaltende Übelkeit, Kopf- und Leibschmerzen. Da er auch Leberschädigungen hervorruft, bildet er einen Übergang zur

Protoplasmagruppe. Doch durch die kurze Latenzzeit ist es möglich, den Vergifteten sofort in ärztliche Behandlung zu geben. Für Magen- und Stuhlentleerung sorgen. Medizinische Kohle geben.
1937 wurde ein neuer Pilz als giftig erkannt. Es ist der dunkle Aprilrötling, Rhodophyllus placenta. Auch der Niedergedrückte Rötling (Rhodophyllus rhodopolius) und der Alkalische Rötling (Rhodophyllus nidorosus) sind schwach giftig und zu meiden. Die verhältnismäßig kleinen Pilze kommen nur aus Unachtsamkeit und Sorglosigkeit in den Sammelkorb. Bei den Egerlingen haben wir nur zwei giftige Vertreter: den Giftegerling (Agaricus xanthoderma). Wegen seines auffallenden Karbolgeruches auch Karbolegerling genannt (Bildtafel 45). Die gleiche Giftwirkung erzeugt der Perlhuhnegerling (Agaricus meleagris).

Die meisten der übrigen Giftpilze wirken nur auf die Verdauungsorgane. Blätterpilze, die Verdauungsstörungen hervorrufen:

Amanita citrina: Gelblicher Knollenblätterpilz (schwach giftig), (Bildtafel 39)
Amanita pseudorubescens: Falscher Perlpilz. Diese Art bedarf noch gründlicher Überprüfung
Amanita porphyria: Porphyrbrauner Wulstling (Bildtafel 40)
Lepiota acutesquamosa: Spitzschuppiger Schirmling
Tricholoma pardolatum: Tigerritterling
Tricholoma virgatum: Brennender Ritterling
Tricholoma sulphureum: Schwefelritterling (Bildtafel 76)
und 10 andere Ritterlinge
Inoloma traganum: Lila Dickfuß (Bildtafel 83)
Pleurotus olearius: Ölbaumtrichterling
12 Milchlinge
10 Täublinge
Marasmius urens: Brennender Schwindling
Nematoloma fasciculare: Grünblätteriger Schwefelkopf (Bildtafel 91)
Röhrenpilze:
Boletus satanas: Satansröhrling (Bildtafel 31)
Boletus calopus: Schönfußröhrling (Bildtafel 32)
Boletus radicans: Bitterröhrling
Clavaria pallida: Bauchwehkoralle
Clavaria formosa: Schöne Koralle
Scleroderma aurantium: Kartoffelbovist (Bildtafel 113)

Pilze, die — roh gegessen oder wenig gekocht — Verdauungsstörungen bewirken:
Boletus luridus: Netzstieliger Hexenröhrling (Bildtafel 33)
Boletus erythropus: Flockenstieliger Hexenröhrling (Bildtafel 34)
Amanita rubescens: Perlpilz (Bildtafel 38)
Amanitopsis vaginata: Scheidenstreifling (Bildtafel 41)
Armillariella mellea: Hallimasch (Bildtafel 95)
Paxillus involutus: Kahler Krempling (Bildtafel 69)
Lactarius helvus: Maggi-Pilz.

Da ich selbst aus eigener Erfahrung von oben genannten Pilzen vier Vergiftungserscheinungen erlebte, kann ich jeden beruhigen, daß sich zuerst Erbrechen, Durchfall, Leibschmerzen einstellen, aber nach einigen Stunden wieder abklingen. Einnahme von Tierkohle, Milch, Abführmittel. Ein Tintling, Coprinus atramentarius, hat unangenehme Folgen, wenn man zuvor oder hernach Alkohol trinkt. Man konnte lange nicht herausbringen, woher die Vergiftung kam. Zuerst Rötung des Gesichts, die ins Violette übergeht und sich über den Nacken und einen großen Teil des Körpers ausbreitet, während Nasenspitze und Ohrläppchen blaß bleiben. Erst als in anderem Zusammenhang der Entwöhnungsstoff »Antabus« entdeckt wurde, haben spätere Untersuchungen gezeigt, daß der gleiche Stoff in Coprinus atramentarius enthalten ist. Armillariella mellea verursacht oft Magenschmerzen. Hier dürfen die Stiele nicht verwendet werden; denn sie enthalten viel Salicylsäure und reizen die Magenschleimhaut. Da der Hallimasch schwer verdaulich ist, vor der Zubereitung durch die Maschine drehen. Neue Vergiftungen treten in letzter Zeit bei Genuß von Paxillus involutus auf. Sogar drei tödliche Kremplingsvergiftungen (59, 59, 54 Jahre) wurden 1963 gemeldet. Die Nachforschungen ergaben, daß der Kahle Krempling mindestens 25 Minuten gekocht werden muß. Das Kochwasser ist wegzugießen und Pilze noch mehrmals mit Wasser zu überspülen, ehe sie zubereitet werden. Meine Mahlzeit hatte nur eine Kochdauer von 10 Minuten. Dafür dauerte die Vergiftung über einen Tag mit Sehstörungen und Leberschädigung.

Vor Kremplingen muß gewarnt werden.

Pilzvergiftungen treten auch nach dem Genuß verdorbener Pilze, vor allem verdorbener Pilzkonserven, auf. Solche »Vergiftungen« beginnen meistens mit Übelkeit, Leibschmerzen und Muskelkrämpfen und ähneln dem Botulismus bei Wurst- oder Fleischvergiftung. Der Patient gehört sofort in die Hände eines Arztes.

Ältere Personen sollten Gelberle, Falsche Pfifferlinge, härtere Trichterlinge, Täublinge immer durch die Maschine drehen, damit beim Genuß keine Verdauungsstörungen entstehen und keine Magenverstimmungen auftreten.

Vielfach ist es nicht möglich, das Sammelgut, wenn man abends nach Hause kommt, sofort zu verwenden. Geputzt müssen die Pilze auf jeden Fall werden. Dann kann man sie ausgebreitet an einem kühlen Ort (Fensterbrett, Balkon) bis zum Morgen aufheben. Kühlschrank ist nicht zu empfehlen. Am schnellsten verderben die Pilze in Plastiksäckchen.

Bei der Pilzberatung wird man immer wieder gefragt: »Darf man gefrorene Pilze essen?« Ich kann das bejahen. Doch ist Vorsicht geboten. Wenn die Pilze auftauen, müssen sie genau aussehen wie frische Pilze; schmierige oder schwammige Exemplare sind zu entfernen. Bei öfterem Gefrieren und wieder Auftauen sind die Pilze zum Genuß nicht mehr geeignet. Die aufgetauten Pilze müssen sofort verwendet werden. Denn der Frost bewirkte eine mechanische Zellzerstörung.

Boletus edulis Bull ex Fr. **Steinpilz**
eßbar

Hut: 5—30 cm Durchmesser, hell bis dunkelbraun, in der Jugend trocken, im Alter bei feuchtem Wetter etwas schlüpfrig, polsterförmig. Die Röhren in der Jugend fast weiß, dann mit einem Stich ins Gelbgrünliche, schließlich gelbgrün.
Stiel: Anfangs bauchig, später keulenförmig, im Alter fast walzenförmig, manchmal weiß oder weißlich, später bräunlich verfärbt, aber heller als der Hut und mit einer langmaschig gestreckten Netzzeichnung verziert.
Fleisch: Dickfleischig, weiß, unterhalb der Oberhaut manchmal etwas bräunlich, an der Schnittfläche nicht verfärbend.
Geruch: Angenehm, nußartig.
Geschmack: Nußartig.
Standort und Vorkommen: Laub- und Nadelwälder, Waldwiesen, Grasplätze, Mai bis November.
Bemerkungen: Ein vorzüglicher Speisepilz. Geeignet zum Braten, Schmoren, Einmachen, Trocknen, für Suppen, Salate usw. Bei älteren Pilzen die Huthaut abziehen und die Röhrenschicht entfernen.
Verwechslungsmöglichkeit: Ähnlich der ungenießbare Gallenröhrling.

Gallenröhrling Tylopilus felleus (Bull. ex Fr.) Karst
Gallenpilz, Bitterling

Hut: 4—12 cm breit, olivgrau, hellbraun bis dunkelbraun, Oberhaut samtig bis glatt, nicht abziehbar. Röhren weiß, rosa bis rötlichgelb, bei Druck rotbraun anlaufend. Am Stiel verkürzt; bei älteren Pilzen polsterförmig vorquellend.
Stiel: Knollig oder keulenförmig, gelb bis bräunlich, mit blaßgelblicher Netzzeichnung.
Fleisch: Weiß, fest bis schwammig, im Stiel faserig.
Geruch: Ohne besonderen Geruch.
Geschmack: Gallenbitter. Sicheres Kennzeichen: Kostprobe.
Standort und Vorkommen: Nur Nadelwald, Juni bis Oktober.
Bemerkungen: Nicht giftig, aber wegen seines bitteren Geschmacks ungenießbar.
Verwechslungsmöglichkeit: Wird jung häufig mit dem Steinpilz verwechselt.

Xerocomus badius (Fr.) ex Gilb. **Maronenröhrling**
eßbar Marone

Hut: 5—12 cm breit, graubraun, kastanienbraun oder rotbraun, Oberhaut samtig, matt, trocken, bei feuchtem Wetter schmierig. Hut anfangs halbkugelförmig, später flachbuckelig, dickfleischig. Röhren blaßgelb, grünlichgelb bis schmutziggrünlich, bei Druck blaugrün anlaufend. Die Röhren sind am Stiel angewachsen, aber ringsum leicht ausgebuchtet.
Stiel: 1,5—2 cm dick, blaßzitronengelb bis gelblichbraun, manchmal faserig gestreift, aber nicht genetzt, meist etwas krumm, nicht hohl, 5—9 cm hoch.
Fleisch: Gelblichweiß, bei Druck schwach bläulich, unter der Oberhaut rötlich anlaufend. Jung fest und kernig, im Alter schwammig.
Geruch: Angenehm, nuß- bis obstartig.
Geschmack: Angenehm, nuß- bis obstartig.
Standort und Vorkommen: Nadelwald, Laubwald, Mischwald, Heide, Moor, besonders gern an Lichtungen und Waldrändern, Juli bis November.
Bemerkungen: Ein vorzüglicher Speisepilz. Wie Steinpilz verwenden. Ähnlich und gleichartig die Samtmarone (Xerocomus spadiceus Fr.) **Quél.**
Verwechslungsmöglichkeiten: Gallenröhrling (Vorsicht!), Steinpilz (eßbar!).

Sandröhrling
Sandpilz

Suillus variegatus (Sow. ex Fr.)
O. Kuntze · eßbar

Hut: Bis 12 cm breit, gelb, goldgelb, ockeroliv. Der Hut ist mit büschelighaarigen kleinen Flocken besetzt, die im Alter und nach Regenwetter verschwinden, trocken, bei Nässe etwas schleimig, halbkugelförmig, später flach polsterförmig, scharf eingerollter Rand. Röhren gelb, braungelb, dunkeloliv, bei Druck blau anlaufend, Röhren kurz, enge Mündung, etwas am Stiel herablaufend.
Stiel: Gleichmäßig dick, in der Farbe etwas heller als der Hut, bis 5 cm hoch, unten etwas filzig, sonst glatt.
Fleisch: Gelblich-weiß, läuft beim Zerschneiden bläulich an.
Geruch: Eigentümlich säuerlich, nicht unangenehm.
Geschmack: Mild.
Standort und Vorkommen: Kiefern, Heide, Sand, August bis Oktober.
Bemerkungen: Eßbar, als Mischpilz und zum Trocknen zu verwenden.
Verwechslungsmöglichkeit: Kuhröhrling s. S. 30.

Xerocomus chrysenteron
(Bull. ex St. Amans) Quél.
eßbar

Rotfußröhrling

Hut: 3–7 cm Durchmesser, bräunlich, grau bis dunkelolivbraun, oft rissig. In den Rissen oder unter der Oberhaut gerötet. Halbkugelförmig, später flach gewölbt. Röhren gelb, später gelbgrün, bei Druck schmutziggrün anlaufend. Röhrenmündungen groß, eckig, am Stiel angewachsen.
Stiel: Verhältnismäßig dünn, gelb oder braungelb, rot überlaufen, fest, nicht hohl, meist ein wenig gebogen, 4–8 cm hoch.
Fleisch: Gelb oder blaßgelb, später fast weiß, am Stiel schmutzigrot, an Bruchstellen blau bis rötlich anlaufend, im Alter schwammig.
Geruch: Angenehm, obstartig.
Geschmack: Mild.
Standort und Vorkommen: Nadelwald, Laubwald, besonders an Lichtungen und Waldrändern, Juli bis November.
Bemerkungen: Speisepilz von mittlerer Qualität, jung sehr schmackhaft. Verwendung wie Steinpilz. Oft vom Goldschimmel (Hypomyces chrysospermus Bull.) befallen, dann ungenießbar.

Ziegenlippe   Xerocomus subtomentosus (L. ex Fr.) Quél.
eßbar

Hut: 3—12 cm Durchmesser, graugelb, graubraun, olivbraun. Oberhaut nicht abziehbar, feinfilzig, trocken, glanzlos. Anfangs halbkugelförmig, später flach gewölbt, fühlt sich wie Wildleder an. Röhren lebhaft goldgelb, im Alter leicht grünlich bis braun, bei Druck nicht verfärbend, groß und eckig. Röhren lösen sich leicht vom Hutfleisch.
Stiel: Walzenförmig, 6—10 cm hoch, 1—2 cm dick, blaßgelb oder rotbraun, körnig, filzig.
Fleisch: Verhältnismäßig fest, im Hut fast weiß, im Stiel gelblich, verändert beim Zerschneiden kaum die Farbe, zart, mild.
Geruch: Mild, obstartig.
Geschmack: Mild.
Standort und Vorkommen: Nadelwald, Laubwald, an Waldwegen, Lichtungen, Heide, Juli bis Oktober.
Bemerkungen: Eßbar, jung sehr schmackhaft. Kaum Verwechslungsmöglichkeiten. Wird auch oft vom Goldschimmel (Hypomyces chrysospermus Bull.) befallen, dann ungenießbar.

Suillus luteus (L. ex Fr.) S. F. Gray **Butterröhrling**
eßbar Butterpilz, Ringpilz

Hut: 5—12 cm breit, bräunlichgelb bis schokoladenbraun, Oberhaut klebrig und leicht abziehbar, bei feuchtem Wetter mit schmierigem, dunkelbraunem Schleim überzogen, bei trockenem Wetter samtig. Hut anfangs kugelig, später halbkugelförmig. Röhren hellgelb, butterfarbig, später braungelb, Mündungen eng, klein. Die Röhren sind mit dem Stiel verwachsen, sie lassen sich leicht vom Hutfleisch lösen.
Stiel: Weißlich, nicht hohl, beringt. Über dem Ring mit bräunlichen Punkten besetzt, Ring weiß, später braun, 5—10 cm hoch, 1—2,5 cm dick.
Fleisch: Gelblichweiß, sehr weich, saftig.
Geruch: Angenehm, obstartig.
Geschmack: Etwas säuerlich.
Standort und Vorkommen: Kiefernwald (besonders Lichtungen, Wege und Waldränder), Juni bis Oktober.
Bemerkungen: Eßbar, vorzüglicher Speisepilz. Oberhaut abziehen, nicht zum Trocknen geeignet, für Gemüse usw. verwenden.
Verwechslungsmöglichkeit: Goldröhrling (eßbar), Körnchenröhrling (eßbar), Schmerling (eßbar).

Goldröhrling
Schöner Röhrling

Suillus grevillei (Klotzsch) Sing.
eßbar

Hut: Bis 12 cm breit, goldgelb bis braungelb, Oberhaut zuerst schleimig, bei trockenem Wetter glänzend trocken, Hut halbkugelförmig bis flach. Röhren hellgelb bis bräunlich, an Druckstellen rötlichbraun, engporig, bei jungen Pilzen Hutrand mit gelbem Schleier.
Stiel: Hellgelb beringt. Über dem Ring goldgelb und braun punktiert, 4—10 cm hoch, nicht hohl.
Fleisch: Gelb, verfärbt sich beim Durchschneiden im Stiel schwach rosig, saftig, zart.
Geruch: Obstartig.
Geschmack: Mild.
Standort und Vorkommen: Nadelwald und Parkanlagen nur unter Lärchen, Juni bis Oktober.
Bemerkungen: Eßbar, schmackhaft, bei älteren Pilzen sofort Oberhaut abziehen! Am besten nur junge Pilze verwenden!
Verwechslungsmöglichkeit: Butterröhrling.

Leccinum aurantiacum (Bull. ex Fr.) S. F. Gray **Rotkappe**
eßbar Rothautröhrling

Hut: Rotbraun, orangerot, ziegelrot, Oberhaut nicht abziehbar, den Hutrand überragend, einen lappigen Saum bildend, trocken, bei feuchtem Wetter schleimig. Hut kugelig, halbkugelförmig bis flach gewölbt, dickfleischig, 8—25 cm Durchmesser. Röhren gelblichgrau, später Mündungen grau, vom Stiel deutlich abgesetzt.
Stiel: Hellgrau-gelb mit weißlichen Schuppen, Wärzchen oder Runzeln, läuft beim Durchschneiden blaugrün an, 8—20 cm hoch, 3—5 cm dick.
Fleisch: Weißlich, läuft beim Durchschneiden blaugrau bis blauschwarz an. Bei jungen Pilzen fest, im Alter weich.
Geruch und Geschmack: Angenehm.
Standort und Vorkommen: Laubwald, Nadelwald, Straßenränder, Juni bis Oktober.
Bemerkungen: Eßbar, sehr schmackhaft. Fleisch dunkelt beim Kochen, zum Einmachen und Trocknen geeignet.
Verwechslungsmöglichkeit: Birkenröhrling (eßbar).

Birkenröhrling
Birkenpilz

Leccinum scabrum (Bull. ex Fr.)
S. F. Gray · eßbar

Hut: 4—12 cm breit, grau, graubraun, rotbraun bis schwarzbraun, Oberhaut nicht abziehbar, glatt, trocken, bei feuchtem Wetter schmierig. Hut halbkugelig bis flach, dickfleischig. Röhren hellgrau, an Druckstellen bräunlich, Mündungen klein, rund. Die Röhrenschicht ist nach unten gewölbt, am Stiel durch eine Rinne abgesetzt, vom Hutfleisch leicht lösbar.
Stiel: Weiß bis hellgrau, mit dunklen Schuppen besetzt, nicht hohl, schlank, meist nach oben schmäler werdend, 8—16 cm hoch, 1—3 cm dick.
Fleisch: Weiß, verfärbt sich beim Durchschneiden leicht grau, bei jungen Pilzen fest, im Alter schwammig, bei feuchtem Wetter wässerig.
Geruch: Angenehm.
Geschmack: Mild, süßlich.
Standort und Vorkommen: Unter oder bei Birken, in lichten Wäldern, Gebüschen, Heiden, Juni bis Oktober.
Bemerkungen: Eßbar, sehr schmackhaft, Fleisch dunkelt beim Kochen.
Verwechslungsmöglichkeiten: Gelber Birkenröhrling (eßbar!), schwärzender Birkenröhrling (eßbar), Rotkappe (eßbar!).

Suillus granulatus (L. ex Fr.) O. Kuntze **Schmerling**
eßbar Körnchenröhrling

Hut: Goldgelb bis rostgelb, Oberhaut leicht abziehbar, sehr schleimig, bei trockenem Wetter glatt und glänzend. Hut zuerst gewölbt, dann flach, Rand eingebogen und scharf, 5—10 cm breit. Röhren buttergelb bis oliv, Mündungen klein, rundlich bis eckig, bei jungen Pilzen mit milchigen Tropfen.
Stiel: Hellgelb, oben mit gelblichen bis braunen Körnchen besetzt, ohne Ring, nicht hohl, 4—8 cm hoch, bis 2,5 cm dick.
Fleisch: Hellgelb, nicht verfärbend, fest bis weich.
Geruch: Schwach obstartig.
Geschmack: Angenehm.
Standort und Vorkommen: Nadelwald, Laubwald, Waldwiesen, vorwiegend auf Kalk, Juni bis Oktober.
Bemerkungen: Eßbar, sehr schmackhaft.
Verwechslungsmöglichkeiten: Butterröhrling, Goldröhrling, Kuhröhrling, Sandröhrling (alle eßbar).

Kuhpilz
Kuhröhrling

Suillus bovinus (L. ex Fr.) O. Kuntze
eßbar

Hut: Bis 12 cm breit, gelb, ocker, Hut gummiartig biegsam, bei Nässe schmierig. Röhren gelb, graugelb bis grünlich, Poren weit, eckig, am Stiel herablaufend.
Stiel: Gelb, glatt, auffallend kurz.
Fleisch: Gelblich, wird rötlich, grünlichblau beim Anschneiden, zäh, gummiartig biegsam.
Geruch: Obstartig.
Geschmack: Nicht stark ausgeprägt, etwas obstartig.
Standort und Vorkommen: Kiefern, Sandboden, Juli bis Oktober.
Bemerkungen: Eßbar, jedoch minderwertig. Nur als Mischpilz und als Pilzpulver geeignet.
Verwechslungsmöglichkeit: Schmerling (eßbar).

Boletus satanas Lenz **Satansröhrling**
giftig

Hut: 6–25 cm Durchmesser, weißlichgrau wie ein Totenschädel, trocken, etwas buckelig verbogen, polsterförmig. Röhren gelbgrünlich, Röhrenmündungen karminrot, im Alter schmutziggrün, bei Druck blau werdend.
Stiel: Dickbauchig, oben gelb, unten karminrot, am Grunde grünlichgrau, mit feiner, karminroter Netzzeichnung, bis 12 cm hoch.
Fleisch: Weiß, beim Durchschneiden bläulich, im Stiel rötlich, fest.
Geruch: Süßlich, schwach widerlich bis aasartig.
Geschmack: Mild (keine Kostprobe!).
Standort und Vorkommen: Lichter Laubwald (Buchen), Nadelwald, meist nur auf Kalkboden.
Bemerkungen: Giftig!
Verwechslungsmöglichkeiten: Dickfußröhrling (Vorsicht!), Netzstieliger Hexenröhrling (Vorsicht!).

Dickfußröhrling
Schönfußröhrling

Boletus calopus Fr.
ungenießbar

Hut: 3—15 cm Durchmesser, graubraun, dunkelgrünlichbraun. Oberhaut samtig, manchmal rissig, trocken. Hut halbkugelförmig mit eingebogenem Rand. Röhren anfangs zitronengelb, später grünlicher, nie rot, an der Schnittfläche blaugrün anlaufend, feinporig.
Stiel: Oben gelb, unten karminrot, im Alter blasser, gleichfarbig genetzt, knollig, 6—10 cm hoch, 6 cm dick.
Fleisch: Weiß bis gelblich, verfärbt sich beim Durchschneiden bläulich, bald wieder verblassend.
Geruch: Unangenehm.
Geschmack: Zuerst süßlich, dann gallenbitter.
Standort und Vorkommen: Laubwald (Buchenwald), Nadelwald, Juli bis Oktober.
Bemerkungen: Ungenießbar, schwach giftig.
Verwechslungsmöglichkeiten: Hexenröhrling (Vorsicht!), Satansröhrling (giftig).

Boletus satanas Lenz
giftig

Satansröhrling

††

Hut: 6–25 cm Durchmesser, weißlichgrau wie ein Totenschädel, trocken, etwas buckelig verbogen, polsterförmig. Röhren gelbgrünlich, Röhrenmündungen karminrot, im Alter schmutziggrün, bei Druck blau werdend.
Stiel: Dickbauchig, oben gelb, unten karminrot, am Grunde grünlichgrau, mit feiner, karminroter Netzzeichnung, bis 12 cm hoch.
Fleisch: Weiß, beim Durchschneiden bläulich, im Stiel rötlich, fest.
Geruch: Süßlich, schwach widerlich bis aasartig.
Geschmack: Mild (keine Kostprobe!).
Standort und Vorkommen: Lichter Laubwald (Buchen), Nadelwald, meist nur auf Kalkboden.
Bemerkungen: Giftig!
Verwechslungsmöglichkeiten: Dickfußröhrling (Vorsicht!), Netzstieliger Hexenröhrling (Vorsicht!).

Dickfußröhrling
Schönfußröhrling

Boletus calopus Fr.
ungenießbar

Hut: 3—15 cm Durchmesser, graubraun, dunkelgrünlichbraun. Oberhaut samtig, manchmal rissig, trocken. Hut halbkugelförmig mit eingebogenem Rand. Röhren anfangs zitronengelb, später grünlicher, nie rot, an der Schnittfläche blaugrün anlaufend, feinporig.
Stiel: Oben gelb, unten karminrot, im Alter blasser, gleichfarbig genetzt, knollig, 6—10 cm hoch, 6 cm dick.
Fleisch: Weiß bis gelblich, verfärbt sich beim Durchschneiden bläulich, bald wieder verblassend.
Geruch: Unangenehm.
Geschmack: Zuerst süßlich, dann gallenbitter.
Standort und Vorkommen: Laubwald (Buchenwald), Nadelwald, Juli bis Oktober.
Bemerkungen: Ungenießbar, schwach giftig.
Verwechslungsmöglichkeiten: Hexenröhrling (Vorsicht!), Satansröhrling (giftig).

Boletus luridus (Fr.)
bedingt genießbar

Netzstieliger Hexenröhrling

Hut: 4—20 cm Durchmesser, gelbbraun bis schmutzigbraun, filzig, später kahl, dickfleischig, polsterförmig. Röhren orangerot bis braunrot oder dunkelpurpur, bei Berührung sofort blaugrün bis dunkelblau anlaufend.
Stiel: Oben gelb bis orange, unten purpurrot, mit rötlicher Netzzeichnung. In der Jugend bauchig, dann länger und nach unten keulenförmig, bei Druck blau anlaufend, bis 13 cm hoch.
Fleisch: Blaßgelb, im Stielgrund weinrot (Hauptkennzeichen!), wird im Bruch sofort blau bis blaugrün.
Geruch: Nicht ausgeprägt.
Geschmack: Säuerlich.
Standort und Vorkommen: Laubwald (Eichen, Linden, Buchen), auf Lehm- und Kalkböden, in Parkanlagen, Juni bis Oktober.
Bemerkungen: 20 Minuten abkochen, Wasser weggießen, eßbar, aber keinen Alkohol trinken, da sonst Herzbeschwerden und Übelkeit eintreten.

Flockenstieliger Hexenröhrling
Samtkappe

Boletus erythropus Fr.
guter Speisepilz

Hut: 4–20 cm Durchmesser, mittelbraun bis dunkelbraun, filzig bis samtig, später kahl, dickfleischig. Röhrenmündungen an Druckstellen purpurrot. Die Röhren sind gelbgrün, schnell grünblau anlaufend.
Stiel: 5–15 cm hoch, in der Jugend bauchig, dann länger und nach unten keulenförmig, in der Mitte auf gelbem Grund rotfilzig punktiert, nie genetzt, bei Druck blau werdend.
Fleisch: Goldgelb, läuft beim Anschnitt sofort dunkelblau an, später verblassend.
Geruch: Nicht ausgeprägt.
Geschmack: Unauffällig.
Standort und Vorkommen: Nadelwald (Fichten), Laubwald (Buchen, Eichen), Sand, auf kalkarmen Böden, Mai bis November.
Bemerkungen: Ausgezeichneter Speisepilz; im Geschmack dem Steinpilz gleichwertig.

Boletus luridus (Fr.)
bedingt genießbar

Netzstieliger Hexenröhrling

Hut: 4—20 cm Durchmesser, gelbbraun bis schmutzigbraun, filzig, später kahl, dickfleischig, polsterförmig. Röhren orangerot bis braunrot oder dunkelpurpur, bei Berührung sofort blaugrün bis dunkelblau anlaufend.
Stiel: Oben gelb bis orange, unten purpurrot, mit rötlicher Netzzeichnung. In der Jugend bauchig, dann länger und nach unten keulenförmig, bei Druck blau anlaufend, bis 13 cm hoch.
Fleisch: Blaßgelb, im Stielgrund weinrot (Hauptkennzeichen!), wird im Bruch sofort blau bis blaugrün.
Geruch: Nicht ausgeprägt.
Geschmack: Säuerlich.
Standort und Vorkommen: Laubwald (Eichen, Linden, Buchen), auf Lehm- und Kalkböden, in Parkanlagen, Juni bis Oktober.
Bemerkungen: 20 Minuten abkochen, Wasser weggießen, eßbar, aber keinen Alkohol trinken, da sonst Herzbeschwerden und Übelkeit eintreten.

Flockenstieliger Hexenröhrling
Samtkappe

Boletus erythropus Fr.
guter Speisepilz

Hut: 4—20 cm Durchmesser, mittelbraun bis dunkelbraun, filzig bis samtig, später kahl, dickfleischig. Röhrenmündungen an Druckstellen purpurrot. Die Röhren sind gelbgrün, schnell grünblau anlaufend.
Stiel: 5—15 cm hoch, in der Jugend bauchig, dann länger und nach unten keulenförmig, in der Mitte auf gelbem Grund rotfilzig punktiert, nie genetzt, bei Druck blau werdend.
Fleisch: Goldgelb, läuft beim Anschnitt sofort dunkelblau an, später verblassend.
Geruch: Nicht ausgeprägt.
Geschmack: Unauffällig.
Standort und Vorkommen: Nadelwald (Fichten), Laubwald (Buchen, Eichen), Sand, auf kalkarmen Böden, Mai bis November.
Bemerkungen: Ausgezeichneter Speisepilz; im Geschmack dem Steinpilz gleichwertig.

Amanita phalloides (Vaill. ex Fr.) **Grüner Knollenblätterpilz**
Secr. · tödlich giftig

Hut: Olivgrün, oft heller, junge Pilze sind von der äußeren Hülle wie von einer Eischale umgeben. Auf dem Hut manchmal Reste derselben, etwas radialfaserig. Lamellen reinweiß (niemals rosa oder dunkel wie bei Champignons!), gedrängt, frei.
Stiel: Verhältnismäßig schlank, weiß bis leicht olivgrün, entspricht der Hutfarbe, etwas dunklere Bandzeichnung (genattert). Manschette weiß bis grünlich, herabhängend. Stielfuß endet in einer kugeligen Knolle, die mitunter tief in der Erde steckt, umgeben von einer lappigen, zackig aufgerissenen weißen Hautscheide, nur bei alten Pilzen oft vergänglich. Verdächtige Pilze daher immer herausheben.
Fleisch: Reinweiß, nur unter der Oberhaut etwas grünlich, häufig von Schnecken usw. angefressen (kein Kennzeichen der Eßbarkeit!).
Geruch: Süßlich honigartig (Kunsthonig!).
Geschmack: Mild, Kostprobe ist lebensgefährlich!
Standort und Vorkommen: Unter Eichen, auch in Parkanlagen, Juli bis Oktober.
Bemerkungen: Tödlich giftig!
Verwechslungsmöglichkeit: Champignon.

Weißer Knollenblätterpilz Amanita verna (Bull. ex Fr.)
tödlich giftig

Hut: Weiß, bis 8 cm breit, mit falbem oder tonblassem Scheitel flachgewölbt, niemals kegelig, Lamellen wie beim Grünen Knollenblätterpilz.
Stiel: Weiß, fast glatt mit Fußknolle und weißer lappiger Fußhülle (Lappenscheide).
Fleisch: Weiß, häufig von Schnecken angefressen.
Geruch: Widerlich, rettichartig, modrig.
Geschmack: Rettichartig, Kostprobe ist lebensgefährlich!
Standort und Vorkommen: Nadelwald, auf Kalk, Frühsommer bis Herbst.
Bemerkungen: Tödlich giftig!
Verwechslungsmöglichkeiten: Weiße Champignons (eßbar). Der sehr ähnliche Spitzhütige Knollenblätterpilz (Amanita virosa Lam. ex Secr.) findet sich in Nadelwäldern auf sandigen Böden. Tödlich giftig! Er wird leicht verwechselt mit dem dünnfleischigen Anisegerling (Agaricus silvicola [Vitt] Sacc.), der mit ihm den gleichen Standort teilt: Beide sind Waldbewohner.

Amanita pantherina (DC ex Fr.) Secr. **Pantherpilz**
sehr giftig!

Hut: Bis 10 cm Durchmesser, grau bis gelbbraun mit vielen weißen Flekken, Hutrand gerippt, Oberhaut abziehbar, unter der Huthaut deutlich weiß. Lamellen nicht am Stiel angewachsen, weiß, weich, dichtstehend.
Stiel: Bis 12 cm hoch, weiß, flockig gefasert, in die stulpenförmige Knolle eingepfropft. Manschette weiß, erst abstehend, dann hängend. Stiel und Manschette ungerieft. Über der Stupenknolle bisweilen undeutliche Gürtelzonen.
Fleisch: Weiß.
Geruch: Rettichartig.
Geschmack: Geschmacksprobe lebensgefährlich!
Standort und Vorkommen: Laubwald, Nadelwald, gern auf Sandboden, Juli bis Oktober.
Bemerkungen: Tödlich giftig!
Verwechslungsmöglichkeiten: Perlpilz (bedingt eßbar), Ganzgrauer Wulstling (bedingt eßbar).

Perlpilz

Amanita rubescens (Pers. ex Fr.)
S. F. Gray · eßbar

Hut: Fleischrötlich bis bräunlich mit flachen perlartigen Schuppen, Größe und Farbe sehr veränderlich, Oberhaut leicht abziehbar. Fleisch darunter langsam blaßrötlich, ebenso die Fraßstellen. Hut zuerst kugelig, dann halbkugelförmig bis flach, oft verbogen, bis 15 cm breit. Blätter weiß, im Alter und bei Druck rötlich verfärbend, ziemlich breit, weich, engstehend.
Stiel: Weiß bis rötlich, mit Manschette, oberhalb der Manschette gestreift, unterhalb der Manschette gefasert oder geschuppt. Stiel anfangs voll, später hohl, bis 15 cm hoch, mit Knolle am unteren Ende nicht deutlich abgesetzt.
Fleisch: Weiß bis rosa, verfärbt sich schmutzigrot, ein untrügliches Kennzeichen.
Geruch: Geruchlos.
Geschmack: Süßlich bis scharf, kratzend.
Standort und Vorkommen: Laubwald, Nadelwald, Juni bis Oktober.
Bemerkungen: Nach Abziehen der Huthaut eßbar! Angaben über Giftgehalt sehr uneinheitlich, da man mehrere Formen unterscheidet.
Verwechslungsmöglichkeit: Pantherpilz (stark giftig!). Dem Unerfahrenen wird vom Sammeln abgeraten!

Amanita citrina (Schaeff.)
S. F. Gray · giftig

Gelber Knollenblätterpilz

Hut: Bis 12 cm breit, blaß zitronengelb. Der Hut trägt meist zahlreiche größere Hautfetzen von blaßbräunlicher Farbe. Bei älteren Pilzen oft abgewaschen. Hutrand glatt. Lamellen erreichen den Stiel nicht, sind weißlich, niemals rötlich wie bei Champignons, beim jungen Pilz von einer häutigen Hülle bedeckt, die später die Stielmanschette bildet.
Stiel: Weiß bis blaßgelblich, Manschette von weißer Farbe. Der Stielfuß trägt eine große, scharfrandige Knolle, die besonders bei jungen Pilzen sehr stark ausgeprägt ist.
Fleisch: Weiß, bleibt weiß.
Geruch: Nach rohen Kartoffeln.
Geschmack: Widerlich (keine Kostprobe!).
Standort und Vorkommen: Sandiger Nadelwald, Laubwald, Mischwald, Sommer bis Herbst.
Bemerkungen: Giftig!
Verwechslungsmöglichkeit: Weiße Champignons.

Porphyrbrauner Knollenblätterpilz

Amanita porphyria
(A. u. S. ex Fr.) Secr. · Schwach giftig

++

Hut: Stets porphyrbraun, bleigraue Hüllreste, dünnfleischig, glatter Rand 6—9 cm breit. Blätter weiß, frei oder etwas angeheftet.
Stiel: 7—10 cm lang, durch feine Schuppen gemasert, mit hängender grauvioletter Manschette. Die kugelige Knolle ist grau. Der anliegende Saum umschließt den Stiel.
Fleisch: Fleisch weiß, unter der Huthaut violett.
Geruch: Meist nach Kartoffelkeller riechend.
Geschmack: Unangenehm rettichartig.
Standort und Vorkommen: Im Nadelwald auf Sandboden.
Bemerkungen: Schwach giftig. Verwechslung kaum möglich.

Amanita vaginata (Bull. ex Fr.) Quél. — Scheidenstreifling
eßbar

Hut: Hut glockig, später flach ausgebreitet, dünnfleischig. Mit kleinem Buckel, 3–12 cm, Farbe sehr verschieden: gelbbräunlicher var. fulva (Krombholz ex Schaeffer), orangegelb, var. crocea (Quelet), (Schaeff.), blaugrau, var. plumbea (Schaeff.), braun, var. badia (Schaeff.), ganz weiß, var. alba (Gill.). Blätter weiß, nie rosa, gedrängt, breit.
Stiel: Schlank, blaß, flockig, stets ohne Ring, hohl sehr gebrechlich, Stielgrund von einer einfachen schlaffhäutigen zerrissenen Scheide umgeben.
Fleisch: Weiß, zart.
Geruch: Geruchlos.
Geschmack: Süßlich.
Standort und Vorkommen: In Laub- und Nadelwäldern, Juni bis Oktober.
Bemerkungen: Guter Speisepilz; aber nicht ergiebig.
Verwechslungsmöglichkeit: Bei aufmerksamer Beachtung der deutlichen Merkmale nicht möglich.

Grauer Wulstling
Gedrungener Wulstling

Amanita spissa (Fr.) Kummer
eßbar

Hut: Bis 12 cm Durchmesser, grau, aschgrau, oft dunkler, mit großen weißlichen, manchmal konzentrische Kreise bildenden Warzen bedeckt, Rand glatt, Blätter weiß, gedrängt, hinten abgerundet.
Stiel: Unten knollig verdickt, zwiebelförmig, keine Lappen, aber mehrere undeutliche, grauliche Warzengürtel, Manschette abstehend, auffällig gerieft.
Fleisch: Weiß, unter der Huthaut am Scheitel grau.
Geruch: Schwach nach Rettich.
Geschmack: Zuerst mild, später kratzend.
Standort und Vorkommen: Nadelwald, Juni bis Herbst.
Bemerkungen: Eßbar.
Verwechslungsmöglichkeiten: Pantherpilz (giftig!), Perlpilz (eßbar). Unerfahrene sollten den Grauen Wulstling auf jeden Fall meiden!

Amanita muscaria (L. ex Fr.) Hooker **Fliegenpilz**
giftig

++

Hut: Je nach Unterart rot, hellbraun, dunkelbraun, gelb. Alle Arten auf der Hutfläche weiße Warzen. Blätter weiß, abgerundet, gedrängt.
Stiel: Weiß bis blaßgelb, bis 20 cm hoch, Manschette weiß, hängend, Fußknolle sehr groß, wulstig gerandet, mit warzigen Gürteln.
Fleisch: Weiß, unter der Huthaut gelb.
Geruch und Geschmack: Nicht hervortretend.
Standort und Vorkommen: Nadelwald und Laubwald, saurer Boden, Juli bis November.
Bemerkungen: Durch seine Farbe nicht zu verwechseln; bei Genuß von größeren Mengen tödlich giftig, auch nach Abzug der Huthaut.
Bekannt ist eine sehr schlanke goldgelbe Form, meist ohne Hüllflocken (Amanita muscaria var. aureola Kalchbr.), und eine braune mit reichlich, meist konzentrisch angeordneten Hüllflocken (Amanita muscaria var. umbrina F.). Beide sind giftig.

Feldchampignon   Agaricus campester (L.) Fr.
Feldegerling, Wiesenchampignon   eßbar

Hut: Weiß, alt mit gelblicher bis bräunlicher Mitte, weißseidig glänzend, Oberhaut dick und abziehbar, Hut bis 15 cm breit, kugelig bis flach, dickfleischig. Blätter rosarot bis schokoladebraun.
Stiel: Weiß, blaß getönt, mit verjüngter Basis, nicht hohl, Ring weiß, abstehend, nach oben abziehbar, Stiel bis 8 cm hoch.
Fleisch: Weiß bis rötlich, läuft zartrosa an.
Geruch: Riecht nach frisch gesägtem Holz.
Geschmack: Angenehm würzig.
Standort und Vorkommen: Auf gedüngten Wiesen, Pferdewiesen, Kuhweiden, Mai bis Oktober.
Bemerkungen: Eßbar, guter Speisepilz.
Verwechslungsmöglichkeiten: Giftchampignon, Knollenblätterpilze, Riesenrötling, Ziegelroter Faserkopf (alle giftig).

Agaricus placomyces Teck
var. meleagris J. Schff.
giftig

Perlhuhnchampignon
Giftchampignon
Karbolchampignon

Hut: Bis 10 cm Durchmesser, weiß, bei der Abart dunkelschuppig, beim Reiben und an Druckstellen gilbend. Lamellen rosa, später schokoladenbraun.
Stiel: Hohl, Stielknolle beim Zerschneiden sofort chromgelb (Hauptmerkmal!).
Fleisch: Weiß, wird gelb bei Luftzutritt.
Geruch: Nach Karbol oder Tinte, beim Kochen besonders widerlich.
Geschmack: — — —
Standort und Vorkommen: Waldrand, Nadelwald, Laubwald, besonders in Gärten und Parkanlagen, Juni bis Oktober.
Bemerkungen: Giftig!
Verwechslungsmöglichkeiten: Weiße, eßbare Champignons, Knollenblätterpilze, Rißpilze (die beiden letzteren giftig!).

Weißer Anisegerling

Agaricus arvensis Schff. ex Fr.
eßbar

Hut: Weiß bis leicht blaßgelblich und beim Reiben gelbfleckig werdend, seidig schuppig, glänzend, trocken, dickfleischig. Lamellen weiß bis blaßgrau, blaßfleischfarben mit grauem Ton, bei älteren Pilzen dunkelbraun, fast schwarz. Lamellen ziemlich breit, nicht am Stiel angewachsen, engstehend.
Stiel: Bis 15 cm hoch, weiß, oft gelblich, später hohl, unten oft knollig verdickt. Stielring zweischichtig, unten zahnradförmig aufgerissen.
Fleisch: Weiß mit gelblichem bis rötlichem Schimmer, im Stielgrund bisweilen fuchsig braun.
Geruch: Anisartig.
Geschmack: Angenehm würzig.
Standort und Vorkommen: Gedüngte Wiesen, Gärten, Waldränder, Parkanlagen, Juni bis Oktober.
Bemerkungen: Eßbar, der beste Champignon.
Verwechslungsmöglichkeiten: Giftchampignon, Riesenrötling, Knollenblätterpilze, Rißpilz (alle giftig!).

Agaricus silvaticus Schff. ex Secr. **Waldchampignon**
eßbar

Hut: 4—10 cm Durchmesser, schmutzigzimtbraun, blaßumbrafarben, kurzfaserig-schuppig, verhältnismäßig dünnfleischig. Blätter in der Jugend lachsrosa oder blaßgraurötlich, zuletzt dunkelschokoladebraun.
Stiel: Glatt und kahl, schlank und verhältnismäßig dünn, am Grunde in der Regel verdickt und mit weißen Pilzfäden überzogen, oben mit einem breiten, abstehenden Ring. Verletzte Stellen an Hut, Ring und Blättern färben sich lebhaft rot und werden dann braun.
Fleisch: Weiß, an der Schnittfläche lebhaft rot anlaufend (gutes Erkennungsmerkmal).
Geruch: Wie eine ausgelöschte Wachskerze.
Geschmack: Angenehm.
Standort und Vorkommen: Fichtenwälder, vor allem Kalkböden, Sommer und Herbst.
Bemerkungen: Guter Speisepilz, aber wenig ergiebig.

Großer Schirmpilz
Riesenschirmpilz, Parasolpilz

Macrolepiota procera (Scop. ex Fr.) Sing. · eßbar

Hut: 10—25 cm, braunschuppig, junge Pilze wie ein Paukenschlegel. Blätter reinweiß, nicht am Stiel angewachsen, sehr engstehend, weich.
Stiel: Bis 30 cm hoch mit verschiebbarem, doppelt gerandetem, fransigem Ring, braunschuppig, genattert.
Fleisch: Im Hut weiß und zart, im Stiel faserig-holzig.
Geruch: Angenehm.
Geschmack: Nußartig.
Standort und Vorkommen: Nadelwald, Lichtungen, Waldrand, selten Laubwald, Sommer bis Herbst.
Bemerkungen: Guter Speisepilz, besonders schmackhaft als Schnitzel. Alte Pilze sind zäh.

Macrolepiota rhacodes (Vitt.) Sing.   **Safran-Schirmpilz**
eßbar

Hut: Braun mit filzig-faserigsparrigen Schuppen. Lamellen reinweiß, nicht am Stiel angewachsen, oft mit rötlicher Schneide.
Stiel: Weiß, bei Berührung rotbraun, Stielring beweglich. Stielbasis knollig.
Fleisch: Weiß, läuft sofort safranrot an.
Geruch: Schwach, angenehm.
Geschmack: Nußartig.
Standort und Vorkommen: Nadelwald, Humusboden, Sommer bis Herbst.
Bemerkungen: Eßbar. Alte Pilze sind wenig schmackhaft.

Speisetäubling Russula vesca Fr.
eßbar

Hut: Fleischrot, besonders in der Jugend, später dunkler rot. Anfangs halbkugelig, später ausgebreitet verbogen und vertieft. Huthaut reicht meist nicht ganz bis zum Hutrand (Merkmal!). Lamellen weiß, dünn und dichtstehend, an der Schneide rostig punktiert.
Stiel: Weiß, hart, fest, voll, nach unten etwas zugespitzt (Merkmal!).
Fleisch: Ziemlich dick und kernig fest, Oberhaut nur bis zur Hälfte abziehbar.
Geruch: Schwach bis geruchlos.
Geschmack: Sehr angenehm, nußartig.
Standort und Vorkommen: In Wäldern auf trockenen Stellen, Waldwegen, Wegrändern, Sommer und Herbst.
Bemerkungen: Hervorragender Speisepilz.
Verwechslungsmöglichkeit: Speitäubling (giftig).

Russula emetica Fr.
giftig

Speitäubling

Hut: Kirschrot bis blutrot. Anfangs halbkugelig, später ausgebreitet verbogen, dünn, Oberhaut abziehbar, trocken glänzend. Lamellen nur weiß, gleich lang, ziemlich weitstehend, dünn, steif und leicht zerbrechlich.
Stiel: Weiß, oft rötlich angehaucht, später schwammig.
Fleisch: Dünnfleischig, weiß, anfangs fest, später zerbrechlich, unter der Oberhaut rötlich.
Geruch: Obstartig.
Geschmack: Sehr scharf brennend.
Standort und Vorkommen: Wälder, Hochmoore zw. Sphagnum, feuchte, grasige Stellen, Juli bis November.
Bemerkungen: Giftig!
Verwechslungsmöglichkeit: Speisetäubling (eßbar).

Apfeltäubling   Russula paludosa Britz
eßbar

Hut: Derbfleischig wie ein rotbackiger Apfel, bis 15 cm Durchmesser, blaß- bis buttergelbe Lamellen.
Stiel: Bis 12 cm lang, oft rötlich überhaucht.
Fleisch: Weiß, jung schärflich, später mild, unter der Oberhaut rötlich.
Geruch: Geruchlos.
Geschmack: Nur jung etwas scharf.
Standort und Vorkommen: Zwischen Heidelbeeren in Nadelwäldern, kalkmeidend, Juli bis September.
Bemerkungen: Guter Speisepilz.

Russula xerampelina (Schff. ex Secr.) **Heringstäubling**
Fr. var. erythropus Pelt, eßbar

Formen: Im Nadelwald weinlaubrot, rotstielig (var. erythropus Pelt.), im Buchenwald mehr braun und härter (var. barlae Mass.), unter Birken grünlich (var. elaeodes Bres.), ähnlich unter Eichen (var. atroviolaceae Burl.).
Hut: Bis 12 cm breit, glanzlos, Farbe je nach Varietät verschieden. Blätter buttergelb, auf Druck bräunend.
Stiel: Bis 8 cm hoch, meist längsrunzlig, innen schwammig, bei Druck bräunlich anlaufend.
Fleisch: Weiß, bräunend.
Geruch: Zuerst schwach, später deutlich heringsartig (Hauptkennzeichen!).
Geschmack: Mild.
Standort und Vorkommen: Siehe oben, Herbst.
Bemerkungen: Hervorragender Speisepilz, Geruch schwindet beim Kochen.

Violettgrüner Täubling   Russula cyanoxantha
Frauentäubling, Lilagrüner Täubling   Schff. ex Fr. · eßbar

Hut: 5—14 cm Durchmesser, violett mit grün vermischt, oft ausgeblaßt, Oberhaut bei feuchtem Wetter glänzend, radialfaserig, Hutrand lange scharf nach unten eingebogen. Die reinweißen Lamellen sind bei dieser Art weich, splittern also beim Darüberstreichen nicht wie bei allen anderen Täublingen.
Stiel: 5—10 cm hoch, weiß, bei älteren Exemplaren im Innern kammerförmige Hohlräume.
Fleisch: Weiß, fest.
Geruch: Geruchlos.
Geschmack: Mild.
Standort und Vorkommen: Laubwald, meist unter Buchen auf Kalk, Sommer und Herbst.
Bemerkungen: Guter Speisepilz, in jeder Zubereitung schmackhaft. Ähnlich der kleinere Graugrüne Täubling (Russula grisea Gill.) mit cremefarbigen Blättern. Eßbar.

Russula virescens (Schff.) Fr. **Grünschuppiger Täubling**
eßbar

Hut: 6—15 cm Durchmesser, vom Rande her mit felderig aufreißender Oberhaut, blaßspangrün, stellenweise braungrünlich, ausgebleicht, trocken fest, am Rande höckerig gerieft. Blätter weißlich, blaß cremefarbig.
Stiel: Weiß und fest, an verletzten Stellen rostfarbig.
Fleisch: Weiß, fest.
Geruch: Kaum ausgeprägt.
Geschmack: Mild, nußartig, roh eßbar.
Standort und Vorkommen: Nadel- und Mischwald.
Bemerkungen: Ausgezeichneter Speisepilz.

Orangeroter Graustieltäubling

Russula decolorans Fr.
eßbar

Hut: 5—10 cm, orange- bis ziegelrot, mit blassen, später buttergelben Blättern; bei alten Pilzen Schneide schwärzlich.
Stiel: Fast weiß, dann grau bis schwärzlich, besonders innen, 5—12 cm lang.
Fleisch: Weiß, zuletzt grau, im Stiel fast schwarzgrau.
Geruch: Geruchlos.
Geschmack: Mild.
Standort und Vorkommen: Nadelwälder.
Bemerkungen: Guter Speisepilz.

Russula obscura Rom.
eßbar

Weinroter Graustieltäubling

Hut: Dunkelweinrot, Mitte dunkler, oft mit rostorangefarbenen Flecken, Hutrand weißflockig bereift.
Lamellen, Stiel, Fleisch, Geruch und Geschmack: Genau wie Orangefarbener Graustieltäubling.
Standort und Vorkommen: Nadelwald.
Bemerkungen: Guter Speisepilz.

Ockertäubling
Zitronentäubling

Russula ochroleuca (Pers.) Fr.
eßbar

Hut: 4—8 cm, lebhaft gelbocker, altgold, erst gewölbt, dann ausgebreitet, in der Mitte vertieft. Lamellen weiß.
Stiel: Weiß, 4—7 cm hoch, gleichmäßig dick.
Fleisch: Stets weiß, fest, alt leicht grau.
Geruch: Schwach obstartig.
Geschmack: Etwas scharf (verliert sich beim Kochen).
Standort und Vorkommen: Massenpilz der Nadelwälder, Herbst.
Bemerkungen: Eßbar als Mischpilz.
Verwechslungsmöglichkeit: Gallentäubling (Russula fellea Fr.). Ungenießbar, hat gelben Hut, gelbe Lamellen, gelben Stiel, scharfes Fleisch und riecht nach Geranien.

Ledertäublinge

Rotstieliger Ledertäubling (links) Russula olivacea (Schff. ex Secr.) Fr., eßbar.
Hut: 10—20 cm, anfangs olivgrün, dann weinrot, Hutrand oft konzentrisch wellig. Lamellen lederfarbig bis ocker.
Stiel: 6—10 cm, purpurrosa, gegen die Basis zugespitzt. **Fleisch:** Zitronengelb.
Geruch und Geschmack: Porlingsgeruch.
Standort: Laub- und Nadelwald, besonders auf Kalk.

Braunroter Ledertäubling (Mitte) Russula integra (L. ex Fr.), ss. R. Mre., eßbar.
Hut: 6—12 cm, lange glänzend, purpur, ockerfleckig, Lamellen lederocker.
Stiel: Meist reinweiß.
Fleisch: Weiß.
Geruch und Geschmack: Geruchlos, mild.
Standort: Nadelwald.

Weißstieliger Ledertäubling (rechts) Russula Romellii Maire (= alutacea Fr.) Fr. em. Melz. & Zv. eßbar.
Hut: Weinrot, von der Mitte aus zitronengelb, über 10 cm Durchmesser, Lamellen fast dottergelb.
Stiel: Weiß, nie rötlich, dick.
Fleisch: Weiß.
Geruch und Geschmack: Meist geruchlos, bei Sonnenschein Erdbeergeruch, mild.
Standort: Laub- und Nadelwald, besonders auf Kalk.
Bemerkung: Alle mild- oder wenig scharf schmeckenden Täublinge sind eßbar (Vorsicht. Nur ein kleines Stück kosten!).

Zitronenblättriger Täubling   Russula sardonia Fr. em. Rom. · giftig

Tränentäubling, Blätter tränend, Säufernase wegen der Stielfarbe, giftig.
Hut: 5—10 cm, trübviolettpurpur, Lamellen zitronengelb, schmal, oft stark tränend.
Stiel: Rötlichviolett bis blaurot (Säufernase), mit Knall abbrechend.
Fleisch: Zitronengelblich, über Nacht safranrot anlaufend.
Geruch: Obstartig.
Geschmack: Anhaltend brennend scharf (keine Kostprobe!).
Standort und Vorkommen: Spätherbstpilz der Kiefernwälder.
Bemerkungen: Ähnlich der ebenfalls scharfe Stachelbeertäubling (Russula queletii Fr.). Fichtenwald — Stachelbeergeruch.

Russula badia Quél.
giftig

Zedernholztäubling

Hut: Blutrot bis braunrot, 6—12 cm, Lamellen hellocker, gerieben nach Zedernholz riechend.
Stiel: Meist rot überlaufend, sehr fest.
Fleisch: Weiß, ziemlich fest.
Geruch: Nach Zedernholz.
Geschmack: Vorsicht! Erst nach einigen Sekunden brennend scharf, anhaltend unerträglich. Der Schrecken der Pilzsucher.
Standort und Vorkommen: Sandiger Nadelwald.
Bemerkungen: Ähnlich der ebenfalls scharfe Zitronenblätterige Täubling.

Echter Reizker
Edel-Reizker

Lactarius deliciosus (L. ex Fr.)
S. F. Gray · eßbar

Hut: Orangerot, im Alter grünlich, kreisförmig gezont. Später trichterförmig vertieft. Hutrand in der Jugend stark eingerollt, später verflacht, kahl. Oberhaut nicht abziehbar, bei feuchter Witterung schmierig. Etwas am Stiel herablaufende, orangerote, starre, zerbrechliche, bei Druck oder Verletzung grünfleckige Blätter.
Stiel: Farbe wie Hut, anfangs voll, später hohl.
Fleisch: Weißlich, brüchig. Beim Anschneiden tritt reichlich karottenroter Milchsaft aus.
Geschmack und Geruch: Mild.
Standort und Vorkommen: In lehmigen Nadelwäldern, in jungen Beständen, in feuchtem Gras, oft herdenweise, Juli bis Frostbeginn.
Bemerkungen: Hervorragender Speisepilz, eignet sich besonders zum Braten oder kurz gekocht zu Salat. Auf Kalk der ähnliche Blutreizker (Lactarius sanguifluus Paulet ex) Fr. mit weinroter Milch.

Lactarius torminosus (Schff. ex Fr.) S. F. Gray · ungenießbar — **Birkenreizker**

Hut: 5—10 cm breit, rosa fleischfarben, durch mehrere dunkle Bänder gezont. Der anfangs eingerollte Rand hat lange fransige Zotten. Der Hut ist fleischig und hat eine vertiefte Mitte. Lamellen weißlich oder weißrötlich, leicht herablaufend, bei Druck oder Verletzung unveränderlich.
Stiel: Etwas heller als der Hut, glatt, brüchig, hohl, oft grubig gefleckt.
Fleisch: Weißlich, am Rande rosa. Beim Anschneiden tritt eine weiße, scharf brennende Milch aus.
Geruch: Etwas terpentinartig.
Geschmack: Scharf brennend.
Standort und Vorkommen: Auf sandigem, trockenem Wald- oder Heideboden, Birkenbegleiter, gesellig, Juli bis Frostbeginn.
Bemerkungen: Ähnlich der kleinere ungezonte, ebenfalls sehr scharfe Blasse Birkenreizker (Lactarius pubescens Fr.), ungenießbar, riecht nach Geranien, Birkenbegleiter.

Brätling   Lactarius volemus Fr.
eßbar

Hut: 5–15 cm, orangegelb bis rotbraun, meist samtig bereift, trocken, oft rissig. Lamellen weißlich ocker, verletzt braun werdend.
Stiel: Dem Hut fast gleichfarbig, nach unten zu etwas verjüngt, voll und fest.
Fleisch: Dick und fest, anfangs weiß, später gelblich, beim Zerbrechen reichlich weiße, dicke Milch absondernd, die süßlich und mild schmeckt. Die Milch ist klebrig und wird an der Luft braun.
Geruch: Im Alter heringsartig.
Geschmack: Angenehm süß.
Standort und Vorkommen: In etwas feuchten Nadel- und Laubwäldern, Juli bis Oktober.
Bemerkungen: Guter Speisepilz. Pilz nicht waschen, in Scheiben schneiden, sofort in heißem Fett braten, jede Seite 3 Minuten, dann erst salzen (wie gebratene Leber!).

Lactarius rufus (Scop.) Fr.   **Rotbrauner Milchling**
genießbar durch Vorbehandlung

Hut: Dunkelrotbraun, trocken, Hutrand anfangs eingerollt. In der Mitte des Hutes ein charakteristischer spitzer Buckel, zerbrechlich. Lamellen gedrängt, anfangs gelblichweiß, später etwas dunkler, aber heller als die Hutfarbe.
Stiel: Fleischrötlich, im Alter hohl.
Fleisch: Weißlich bis gelblichbraun, ziemlich dünn, beim Zerbrechen weiße, brennend scharfe Milch absondernd.
Geruch: Fast geruchlos, manchmal etwas harzig-holzig.
Geschmack: Brennend scharf.
Vorkommen: In lichten Nadelwäldern meist herdenweise, Juli bis September.
Bemerkungen: Genießbar. Nach Zerkleinern über Nacht wässern, Wasser mehrmals abgießen, 20 Minuten abkochen. Ähnlich, aber kleiner und kastanienbraun ist der orangeblättrige Milchling (Lactarius badiosanguineus Kühn et. Rom.). Weiße, nur bittere Milch. Ungenießbar. Kleinere Abart: Kampfermilchling (Lact. camphoratus Fr.). Geruch: Zichorie (Mischpilz).

Tannenreizker Lactarius necator (Pers. ex Fr.) Karst.
Olivbrauner Milchling Nach Vorbehandlung genießbar

Hut: Olivgrün bis olivschwärzlich, in der Mitte vertieft, Rand gelbfilzig, stark eingerollt. Lamellen schmutziggelblich, bei Druck graubraun fleckend.
Stiel: Heller als der Hut, oft grubig fleckig.
Fleisch: Weißlich, fest mit sehr scharfem weißbleibendem Milchsaft.
Geruch und Geschmack: Harzig, verschwindet beim Kochen (Brühwasser abgießen).
Standort und Vorkommen: Unter Fichten und Birken.
Bemerkungen: Eßbar. Roh giftig; nach Vorbehandlung (abkochen), genießbar.

Lactarius piperatus (L. ex Fr.) Pfeffermilchling
S. F. Gray · genießbar nach Vorbehandlung

Hut: Kahl und glatt, weiß bis gelblichweiß, gewölbt, später trichterartig vertieft, Rand eingerollt, Durchmesser 8—18 cm. Blätter weiß, später ockergelb, sehr dichtstehend, am Stiel herablaufend, zum Teil gegabelt, sehr schmal.
Stiel: Fest, derb, weiß, geblichweiß, zuweilen exzentrisch, kurz, dick, nach unten verjüngt, 3—8 cm hoch.
Fleisch: Weiß, brüchig, bei Druck oder Verletzung eine pfefferartig scharfe weiße Milch absondernd, die sich beim Eintrocknen graugrün verfärbt.
Geruch: Angenehm.
Geschmack: Pfefferartig brennend.
Standort und Vorkommen: Laub- und Mischwald, Juni bis Oktober.
Bemerkungen: Ungenießbar; genießbar nach richtiger Behandlung, nicht waschen und kochen, sonst riecht er widerlich terpentinartig und wird lederhart. Pilze in Scheiben schneiden, mit Mehl bestreuen und die Pilzscheiben mit Speck braten, bis sie knusprig sind; dann erst salzen.
Verwechslungsmöglichkeit: Wolliger Milchling.

Wolliger Milchling   Lactarius vellerus Fr.
Erdschieber, Wollschwamm   ungenießbar

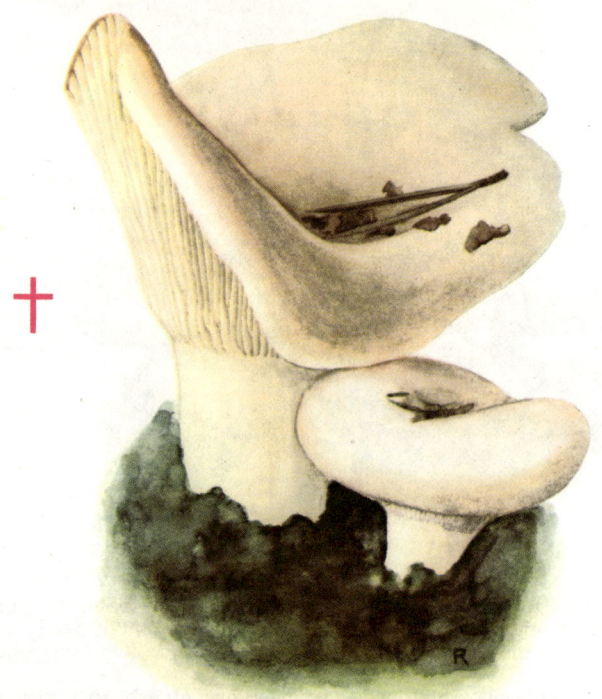

Hut: Kalkweiß bis ockergelblich, derb, filzig, 10—25 cm Durchmesser, trichterförmig mit eingerolltem Rand. Lamellen weiß, später schmutzigocker, im Gegensatz zum Pfeffermilchling weit auseinanderstehend.
Stiel: 2—6 cm hoch, 3—5 cm dick, weiß, flaumig, kurz, fest.
Fleisch: Die beim Anschneiden ausfließende Milch bleibt weiß, Fleisch gleicht dem des Pfeffermilchlings.
Geruch: Riecht etwas erdig-modrig.
Geschmack: Unerträglich brennend. Ruft auf der Zunge Entzündungsbläschen hervor.
Standort und Vorkommen: Laub- und Nadelwald, Herbst.
Bemerkungen: Ungenießbar.

Paxillus involutus (Batsch) Fr. **Kahler Krempling**
eßbar nach Abkochen

Hut: Glatt, nach Regen glänzend, schleimig, rostbraun oder lederbraun, flach gewölbt, später trichterförmig vertieft, Rand stark eingerollt, filzigzottig, später ausgebreitet, Druckstellen braunfleckig, 6—15 cm Durchmesser. Lamellen bei Berührung braunfleckig, gelbbraun, am Stiel herablaufend, leicht ablösbar, im Grunde aderig verbunden.
Stiel: Voll, fest, kahl, Farbe wie Oberhaut, druckempfindlich, oft exzentrisch.
Fleisch: Gelbbraun, verfärbt sich bei Druck und beim Kochen dunkelbraun.
Geruch: Leicht säuerlich.
Geschmack: Mild.
Standort und Vorkommen: Laub- und Nadelwald, oft herdenweise, Juni bis November.
Bemerkungen: Roh giftig! Genießbar nur nach 25 Minuten langem Abkochen, Wasser weggießen.

Samtfußkrempling Paxillus atrotomentosus (Batsch) Fr.
eßbar, nur junger Hut; aber minderwertig

Hut: Anfangs fein filzig, später kahl, hellkaffeebraun bis dunkelbraun, Rand deutlich eingerollt, 8—30 cm Durchmesser. Gelbliche, dichtstehende, herablaufende Lamellen.
Stiel: Dunkelschwarzbraun, kurz, sehr dick, exzentrisch, mit braunschwarzem, samtartigem Filz.
Fleisch: Saftig.
Geruch: Säuerlich.
Geschmack: Bitter, unangenehm dumpf.
Standort und Vorkommen: An morschen Baumstümpfen, besonders von Kiefern, Juli bis November.
Bemerkungen: Eßbar nur nach längerem Abkochen, aber ohne Wert.

Calocybe georgii (Clus. ex Fr.) Quél. **Mairitterling**
Calocybe gambosa (Fr.) Donk   Maipilz, Georgi-Ritterling
eßbar

Hut: 6—10 cm Durchmesser, weißlich, in der Mitte schwach schmutziggelblich, glanzlos, kahl und glatt, in der Jugend eingerollter Rand. Lamellen weißlich bis rahmfarbig, dichtstehend, am Stiel zahnartig ausgebuchtet.
Stiel: Ziemlich dick und fleischig, 4—9 cm lang.
Fleisch: Weiß.
Geruch: Stark nach frischem Mehl.
Geschmack: Angenehm.
Standort und Vorkommen: Wiesen, Wald, Mai bis Juni.
Bemerkungen: Sehr guter Speisepilz. Empfehlenswert für Diabetiker wegen seiner zuckersenkenden Wirkung.
Verwechslungsmöglichkeit: Ziegelroter Rißpilz (Inocybe patouillardii Bres.). Sehr giftig!

Ziegelroter Faserkopf
Ziegelroter Rißpilz, Mairißpilz

Inocybe patouillardii Bres.
sehr giftig

++

Hut: 3—9 cm Durchmesser, weiß, später geblich, bei Verletzungen und im Alter ziegelrot anlaufend. Zuerst kegelförmig, dann breiter, in der Mitte jedoch immer mit deutlichem Buckel. Lamellen weiß, im Alter olivbräunlich, breit, am Stiel tief ausgebuchtet, Schneide weiß.
Stiel: Zuerst weiß, dann zinnoberrötlich, besonders an Druckstellen, faserig, unten etwas gekrümmt, am Grunde knollig verdickt.
Fleisch: Weiß, im Hut schwach, im Stiel stärker rosa.
Geruch: Schwach obstig, im Alter nach Tabak.
Geschmack: Mild bis schwach scharf, Kostprobe lebensgefährlich!
Standort und Vorkommen: Laubwälder, Parkanlagen, unter Buchen und Linden, Mai bis Herbst.
Verwechslungsmöglichkeit: Mai-Ritterling. Im Jugendzustand sind beide Pilze schwer zu unterscheiden. Inocybe patouillardii hat 20mal mehr Muskarin als der Fliegenpilz. Glücklicherweise treten die Vergiftungserscheinungen sofort nach dem Genuß auf (Magen sofort entleeren — Arzt holen!).

Tricholoma saponaceum (Fr.) Kummer — Seifenritterling
ungenießbar, schwach giftig

Hut: 5—10 cm Durchmesser, meist hellbraungrün, glatt, kahl, bei Trockenheit glänzend, oft felderartig zerrissen, anfangs glockig, später flach, mit welligem Rand. Am ganzen Pilz oft rötliche Flecken. Lamellen blaß bis grünlichgelb, entferntstehend, am Stiel ausgebuchtet.
Stiel: Blaß oder blaßrosa, an der Basis rötend, kahl und faserig-feinschuppig.
Fleisch: Weiß, läuft an der Luft langsam rosa an, am Stielgrund rötlich.
Geruch: Nach Waschküche (grüne Seifenlauge).
Geschmack: Nicht schmackhaft.
Standort und Vorkommen: Nadel- und Laubwald, Sommer bis Spätherbst.
Bemerkungen: Minderwertig, verursacht oft Magenbeschwerden, kann nicht empfohlen werden.

Rötlicher Ritterling   Tricholomopsis rutilans (Schff. ex Fr.) Sing. · eßbar

Hut: Auf gelbem Grund dunkelpurpurfilzig, glockig bis ausgebreitet. Lamellen gelb, gedrängt, hinten abgerundet.
Stiel: Wie Hut, rötlich filzig.
Fleisch: In Hut und Stiel gelb.
Geruch: Dumpf, erdig.
Geschmack: Mild.
Standort und Vorkommen: Büschelig nur auf Nadelholzstrünken.
Bemerkungen: Jüngere Pilze als Mischpilze eßbar.

Tricholoma flavovirens (Pers. ex Fr.) Lund **Grünling**
eßbar Echter Ritterling

Hut: Olivgelb bis olivgrün mit braunfuchsigem Scheitel. Lamellen schwefelgelb, selten gedrängt, ausgebuchtet.
Stiel: Wie Hut, bis 6 cm hoch, meist schlank.
Fleisch: Weiß bis gelblich, unter der Huthaut gelb.
Geruch: Schwach mehlartig.
Geschmack: Mild.
Standort und Vorkommen: Nadelwald (Föhren), Sandboden, Herbst.
Bemerkungen: Schmackhafter Speisepilz.
Verwechslungsmöglichkeit: Ähnlich der schwachgiftige, ungenießbare Schwefelritterling Tricholoma sulphureum (Bull. ex Fr.). Durch seinen Geruch nach Leuchtgas leicht zu erkennen.

Schwefel-Ritterling Tricholoma sulphureum (Bull. ex Fr.) Kummer · schwach giftig

Hut: Bis 8 cm breit, schwefelgelb, trocken, kahl, dünnfleischig. Lamellen schwefelgelb, entferntstehend, hinten abgerundet.
Stiel: Farbe wie Hut, nach unten ausspitzend mit fuchsigen Fasern.
Fleisch: Schwefelgelb, in der Stielbasis bräunlich.
Geruch: Unangenehm nach Leuchtgas.
Geschmack: Widerlich.
Standort und Vorkommen: Laub- und Nadelwald, September bis November.
Bemerkungen: Ungenießbar. Der Gasgeruch unterscheidet ihn eindeutig von dem nach Mehl riechenden Grünling.

Tricholoma portentosum (Fr.) Quél. · eßbar

Schwarzfaseriger Ritterling
Schneepilz

Hut: 4—12 cm, graubraun, rußig, wellig verbogen, feine schwarze Radialfaserung, anfangs kegelig gewölbt, später flach, fleischig, Oberhaut fast ganz abziehbar. Lamellen weiß, mit grüngelbem Schimmer, verhältnismäßig breit, ausgebuchtet, ziemlich dick.
Stiel: Weiß, gelbgrünlich getönt, voll faserfleischig, walzenförmig, manchmal wurzelartig verlängert.
Fleisch: Weißlich, unter der Huthaut schwärzlich, am Stielgrund gelblich.
Geruch und Geschmack: Mehlartig.
Standort und Vorkommen: Kiefernwald, oft zusammen mit Grünling, Spätherbst bis zu Frosteintritt (unter Schnee daher Schneepilz).
Bemerkungen: Ein guter Speisepilz, in jeder Zubereitung wohlschmeckend.
Verwechslungsmöglichkeiten: Keine.

Violetter Ritterling
Nackter Ritterling

Lepista nuda (Bull. ex Fr.) Cooke
eßbar

Hut: Anfangs schön violett, später braun verfärbend. Lamellen wie Hut, später bräunlich, dichtstehend.
Stiel: Heller wie Hutfarbe. Am Grund etwas verdickt mit Humusteilchen, verfilzt.
Fleisch: Violett, später blasser.
Geruch: Wie gekochtes Rindfleisch.
Geschmack: Mild.
Standort und Vorkommen: Laubwald, Nadelwald, oft in Hexenringen, Juni bis November.
Bemerkungen: Guter Speisepilz. Empfehlenswert für Diabetiker wegen seiner zuckersenkenden Wirkung. Menge unbegrenzt. Blaßblaue Abart: Lepista glaucocana (Bres.) Sing.

Lepista personata (Fr.) Cooke **Lilastiel-Ritterling**
eßbar

Hut: Blaßbräunlich (nicht violett). Lamellen blaßgrau bis blaßlila, gedrängt, frei.
Stiel: Kräftig lilaviolett.
Fleisch: Weißlich.
Geruch und Geschmack: Angenehm.
Standort und Vorkommen: Auf feuchten Wiesen in Reihen oder Hexenringen, Oktober bis November.
Bemerkungen: Ein ausgiebiger, guter Speisepilz. Häufig in Gesellschaft mit dem ebenfalls eßbaren Fleischbraunen Ritterling (Lepista sordida [Fr.] Sing.). Wächst büschelig, Stielfarbe wie Hut.
Lepista personata ist empfehlenswert für Diabetiker wegen seiner zuckersenkenden Wirkung.

Nebelgrauer Trichterling Clitocybe nebularis (Batsch ex Fr.) Kummer
Graukappe, Nebelkappe, Graukopf, Herbstblattl eßbar

Hut: Aschgrau, nebelgrau, bereift, flachgewölbt bis trichterförmig, Rand bei jungen Pilzen wellig verbogen, dickfleischig, bis 18 cm breit. Lamellen weiß bis blaßgelblich, graublaß, sehr engstehend, etwas herablaufend.
Stiel: Bis 10 cm hoch, unten verdickt, weiß bis blaßgrau, vollfleischig, weißfilzig (an der Basis).
Fleisch: Jung weiß und fest, später weich.
Geruch: Süßlich, gebäckähnlich.
Geschmack: Mild.
Standort und Vorkommen: Laubwald (auf Fallaub), Nadelwald, lichte Stellen, Waldrand, Spätherbst ab September, meist in großen Mengen.
Bemerkungen: Eßbar! Nur die Köpfe der jungen Pilze verwenden. Kochwasser fortschütten. Nur Mischpilz.
Verwechslungsmöglichkeit: Ähnlich der eßbare buchsblätterige Trichterling Clitocybe alexandri (Gill.) Konr. Nur sorglose Pilzsammler verwechseln ihn mit dem giftigen Riesenrötling.

Lepista personata (Fr.) Cooke
eßbar

Lilastiel-Ritterling

Hut: Blaßbräunlich (nicht violett). Lamellen blaßgrau bis blaßlila, gedrängt, frei.
Stiel: Kräftig lilaviolett.
Fleisch: Weißlich.
Geruch und Geschmack: Angenehm.
Standort und Vorkommen: Auf feuchten Wiesen in Reihen oder Hexenringen, Oktober bis November.
Bemerkungen: Ein ausgiebiger, guter Speisepilz. Häufig in Gesellschaft mit dem ebenfalls eßbaren Fleischbraunen Ritterling (Lepista sordida [Fr.] Sing.). Wächst büschelig, Stielfarbe wie Hut.
Lepista personata ist empfehlenswert für Diabetiker wegen seiner zuckersenkenden Wirkung.

Nebelgrauer Trichterling

Clitocybe nebularis (Batsch ex Fr.) Kummer

Graukappe, Nebelkappe, Graukopf, Herbstblattl

eßbar

Hut: Aschgrau, nebelgrau, bereift, flachgewölbt bis trichterförmig, Rand bei jungen Pilzen wellig verbogen, dickfleischig, bis 18 cm breit. Lamellen weiß bis blaßgelblich, graublaß, sehr engstehend, etwas herablaufend.
Stiel: Bis 10 cm hoch, unten verdickt, weiß bis blaßgrau, vollfleischig, weißfilzig (an der Basis).
Fleisch: Jung weiß und fest, später weich.
Geruch: Süßlich, gebäckähnlich.
Geschmack: Mild.
Standort und Vorkommen: Laubwald (auf Fallaub), Nadelwald, lichte Stellen, Waldrand, Spätherbst ab September, meist in großen Mengen.
Bemerkungen: Eßbar! Nur die Köpfe der jungen Pilze verwenden. Kochwasser fortschütten. Nur Mischpilz.
Verwechslungsmöglichkeit: Ähnlich der eßbare buchsblätterige Trichterling Clitocybe alexandri (Gill.) Konr. Nur sorglose Pilzsammler verwechseln ihn mit dem giftigen Riesenrötling.

Rhodophyllus sinuatus (Bull. ex Fr.) Sing. **Riesenrötling**
stark giftig Bleicher Rötling

Hut: 6—20 cm groß, blaßlilagrau, ledergelblich mit eingewachsenen dunklen Fasern, jung mit eingebogenem Rand, gewölbt, dann verflacht, Mitte dickfleischig. Lamellen lange gelblichblaß, dann fleischrosa, etwas entfernt, ausgebuchtet.
Stiel: Am Grunde oft knollig verdickt, knieförmig gebogen.
Fleisch: Weiß, im Stiel längsfaserig.
Geruch: Widerlich, schwach mehlartig.
Geschmack: Keine Kostprobe — giftig.
Standort und Vorkommen: Laubwald, besonders unter Eichen, auf lehmigem Boden, August bis September.
Bemerkungen: Lebensgefährlich giftig.
Verwechslungsmöglichkeit: Weiße Champignons.

Zigeuner Rozites caperata (Pers. ex Fr.) Karsten
Runzelschüppling, Reifpilz, Hühnerkoppe eßbar

Hut: Jung kugelig, später ausgebreitet, feinmehlig bereifte Mitte, Lamellen tonblaß bis ockerbräunlich, gekerbte Schneide.
Stiel: Weißlich, später gelblich, mit etwas verdickter Basis, mit wulstartig gerilltem, zerfetztem, schmalem Ring.
Fleisch: Weiß, unter der Huthaut ockerbräunlich.
Geruch und Geschmack: Fast geruchlos, schmeckt mild.
Standort: Nadelwald zwischen Heidelbeeren.
Bemerkungen: Guter Speisepilz.
Verwechslungsmöglichkeit: Ähnlich der Bereifte Klumpfuß (Phlegmacium multiforme [Fr.] Ricken). Eine Verwechslung ist ungefährlich, da er nicht giftig ist.

Cortinarius traganus Fr. **Lila Dickfuß**
schwach giftig

Hut: 5—13 cm Durchmesser, lila bis blaßviolett, später rostbraun. feinfaserig, seidenartig glänzend, rissig. Halbkugelig, darnach verflacht, Rand eingebogen, zuletzt eingerissen. Lamellen braunrot.
Stiel: Zwiebelig knollig, jung violett, später verblassend.
Fleisch: Gelbbraun.
Geruch: Unangenehm nach Azetylen (Karbid).
Geschmack: Keine Kostprobe! Erregt Erbrechen.
Standort und Vorkommen: Nadelwälder und Laubwald, Juli bis Oktober.
Bemerkungen: Ungenießbar, schwach giftig.

Elfenbeinschneckling   Hygrophorus eburneus (Bull.) Fr.
eßbar

Hut: 3—7 cm Durchmesser, reinweiß bis elfenbeingelblich, anfangs halbkugelig, später ausgebreitet mit stumpfem Buckel, feucht schleimig, trokken glänzend. Lamellen weiß bis schwach gelblich, entferntstehend am Stiel herablaufend.
Stiel: Bis 10 cm hoch, oft gebogen, anfangs voll, im Alter hohl, schleimigklebrig. An der Spitze mit weißen Schüppchen besetzt.
Fleisch: Weiß.
Geruch und Geschmack: Angenehm.
Standort und Vorkommen: Laub- und Nadelwälder, Waldwiesen, gesellig, August bis Oktober.
Bemerkungen: Vorzüglicher Speisepilz.
Verwechslungsmöglichkeit: Ähnlich der nicht schmackhafte Starkriechende Schneckling (Hygrophorus cossus [Sow.] Fr.) mit starkem Terpentingeruch.

Hygrophorus agathosmus Fr. **Wohlriechender Schneckling**
eßbar

Hut: 4—7 cm breit, anfangs gewölbt, später ausgebreitet, schleimig, olivgrau und in der Mitte mit blassen, schmierigen Wärzchen dicht besetzt, ziemlich dickfleischig. Lamellen laufen am Stiel etwas herab, weißlich, später blaßgrau, entferntstehend.
Stiel: 5—8 cm hoch, weißlich, im oberen Teil körnig punktiert.
Fleisch: Weiß.
Geruch: Angenehm nach bitteren Mandeln.
Geschmack: Mild.
Standort und Vorkommen: Nadelwälder, zwischen Moos, September und Oktober.
Bemerkungen: Guter Speisepilz.

Frostschneckling Hygrophorus hypotheijus Fr.
eßbar

Hut: 3—5 cm, mit olivbraunem Schleim bedeckt, nach dessen Verschwinden gelblich-rötlich, zuerst kugelig glockig, dann verflacht, schließlich vertieft, aber immer mit kleinem Buckel. Die dicklichen, entfernt herablaufenden Lamellen sind orangegelb.
Stiel: 6—10 cm lang, gelb, schleimig, jung dichte Schleimschicht mit dem Hutrand verbunden.
Fleisch: Blaßgelblich.
Geruch: Eigentümlich süßlich.
Geschmack: Mild.
Standort und Vorkommen: In Nadel- und Mischwäldern, gerne bei Kiefern. Nach den ersten Frösten geselliges Auftreten.
Bemerkungen: Guter Speisepilz.

Cantharellus cibarius Fr.
eßbar

Echter Pfifferling
Rehling, Eierschwamm

Hut: Dickfleischig, dottergelb oder hellgelb, Hut anfangs gewölbt, mit eingerolltem Rand, später ausgebreitet und in der Mitte vertieft, wellig und lappig. Leisten dottergelb, wiederholt gabelig geteilt, mit Queradern verbunden und am Stiel weit herablaufend.
Stiel: Dick, glatt und voll, allmählich in den Hut übergehend, festfleischig, unten verjüngt.
Fleisch: Fest, weißlich, gegen den Rand gelblich, selten madig.
Geruch: Angenehm nach Aprikosen.
Geschmack: Anfangs mild, dann schwach pfefferartig.
Standort und Vorkommen: Laub- und Nadelwälder, häufig herdenweise, Juni bis Oktober.
Bemerkungen: Hervorragender Speisepilz, aber schwer verdaulich, nicht zu lange kochen, ordentlich zerkleinern, zum Trocknen nicht geeignet.
Verwechslungsmöglichkeit: Falscher Pfifferling. Ähnlich die Buchenwaldform, aber blasser, kräftiger und größer (Hut bis 12 cm breit) Chantharellus cibarius Fr. var. pallidus R. Sch.

Falscher Pfifferling Hygrophoropsis aurantiaca (Wulf. ex Fr.) R. Mre. · genießbar (minderwertig)

Hut: Dünnfleischig, weich und biegsam, orangerot, Hutrand anfangs eingerollt, später wellig verbogen. Blätter (keine Leisten) wiederholt gabelig geteilt, ohne Queradern und am Stiel herablaufend. Lebhaft orangerot.
Stiel: Dünn und biegsam, anfangs voll, später hohl, nicht selten etwas exzentrisch und gekrümmt. Nach unten hin oft dunkler.
Fleisch: Dünn, weich und schwammig, hellgelb.
Geruch: Geruchlos.
Geschmack: Mild, etwas süßlich.
Standort und Vorkommen: Nadelwald, August bis November.
Bemerkungen: Nicht giftig, aber schwer verdaulich, geeignet zu Pilzklopsen.
Verwechslungsmöglichkeit: Echter Pfifferling.

Marasmius oreades (Bolt ex Fr.) Fr. **Nelkenschwindling**
eßbar

Hut: 2—6 cm, trocken ockerblaß, feucht dunkler, durchscheinender, gefurchter Rand, dünnfleischig, breiter, stumpfer Buckel, ausgetrocknet zusammenschrumpfend (Schwindling), feucht wieder auflebend. Lamellen blaß, entferntstehend, abgerundet angewachsen.
Stiel: 4—7 cm, heller als der Hut, am Grunde weißfilzig, sehr elastisch, zäh.
Fleisch: Blaß.
Geruch: Nach Gewürznelken.
Geschmack: Würzig, nußkernartig.
Standort und Vorkommen: Wiesen, Mai bis Herbst.
Bemerkungen: Sehr guter Speisepilz (für Suppen), läßt sich gut trocknen und ist dann als Würzpilz verwendbar (bei alten Pilzen Stiele unbrauchbar).

Waldfreundrübling
Gemeiner Rübling

Collybia dryophila (Bull. ex Fr.)
Kummer · Vorsicht geboten

Hut: 2—6 cm, braunfuchsig bis gelbbraun, später verblassend, glockig, bald flach ausgebreitet. Lamellen dichtstehend, blaßgelb.
Stiel: Lebhaft braunrot, röhrig, glatt, zäh und 3—7 cm hoch.
Fleisch: Sehr dünn, gelblich, wässerig.
Geruch: Angenehm, nach frischgesägtem Holz.
Geschmack: Mild.
Standort und Vorkommen: Laubwald, Nadelwald, Frühsommer bis Herbst.
Bemerkungen: Wertlos, Vorsicht geboten.

Nematoloma fasciculare (Hudson ex Fr.) Kummer
Grünblättriger Schwefelkopf
Büscheliger Schwefelkopf

giftig

††

Hut: 5—7 cm, schwefelgelb, in der Mitte orangefuchsig, anfangs halbkugelig, später ausgebreitet mit stumpfem Buckel. Lamellen zuerst schwefelgelb, später olivgrünlich bis olivbräunlich, stehen dicht gedrängt.
Stiel: Schwefelgelb, später rostbräunlich gefasert, oben mit ringähnlichen Schleierresten.
Fleisch: Gelb.
Geruch: Unangenehm.
Geschmack: Bitter.
Standort und Vorkommen: An alten Baumstümpfen und Wurzeln, sehr zahlreich, Mai bis Spätherbst.
Bemerkungen: Giftig.

Ziegelroter Schwefelkopf   Nematoloma sublateritium
(Fr.) Quél. · genießbar

Hut: Ziegelrot, in der Mitte rötlichbraun, jung durch einen gelblichweißen, gewebeartigen Schleier mit dem Stiel verbunden. Blätter erst gelblich, später olivgrau bis bräunlich (nie grünlich!), gedrängt, ausgebuchtet, angewachsen, an der Schneide blaßflockig.
Stiel: Oben gelb, unten braun, meist gekrümmt, mit ringartig faserigen Schleierresten, die ziemlich hoch sitzen.
Fleisch: Blaßrötlichgelb.
Geruch und Geschmack: Ohne Geruch, schwach bitter.
Standort und Vorkommen: In großen Büscheln an und neben morschen Stümpfen von Laubhölzern, August bis Dezember.
Bemerkungen: Nach Abziehen der Haut und Abkochen (Kochwasser weggießen) ist er als guter Mischpilz verwendbar.

Nematoloma capnoides (Fr.) Kummer · eßbar

Rauchblättriger Schwefelkopf

Hut: Honiggelb mit bräunlicher Mitte, Rand mit Schleierresten behangen, Lamellen meist graugelblich, später rauchgrau bis violettgrau (nie mit grünem Ton!).
Stiel: Farbe wie Hut, an der Basis rostbräunlich, meist gekrümmt, immer hohl.
Fleisch: Gelblichweiß, an der Stielbasis rostbraun.
Geruch und Geschmack: Mild, an rohe Erbsen erinnernd.
Standort und Vorkommen: Auf Fichtenstümpfen, Frühjahr bis Herbst, büschelförmig.
Bemerkungen: Eßbar, guter Mischpilz.

Stockschwämmchen   Kuehneromyces mutabilis (Schff. ex Fr.) Sing. et Smith · eßbar

Hut: 3—8 cm Durchmesser, hygrophan, feucht wässerig, zimtbraun, trocken honigockergelb, jeweils mit dunklerer Mitte und Randzone. Lamellen hellbraun, später rostbräunlich, dünn, dichtgedrängt.
Stiel: Bis zum aufsteigenden Ring sparrig-schuppig, rostbraun.
Fleisch: Blaßbräunlich, am Stiel dunkler.
Geruch: Angenehm, nach frisch gesägtem Holz.
Geschmack: Mild.
Standort und Vorkommen: Auf Laubholzstrünken in Büscheln, Mai bis November.
Bemerkungen: Hervorragender Suppenpilz, Stiele nicht verwendbar.
Verwechslungsmöglichkeiten: Schwefelköpfe, Samtfuß-Rübling.

Armillariella mellea (Vahl in Fl. Dan. ex Fr.) **Hallimasch**
Karst · eßbar

Hut: Honiggelb bis braun, in der Mitte etwas dunkler, mit dunkleren Schüppchen besetzt, Rand in der Jugend eingerollt, später halbkugelig und flach, Rand im Alter etwas gestreift, nicht besonders fleischig. Lamellen in der Jugend weißlich, später bräunlich und schließlich braunfleckig, am Stiel angewachsen, teilweise herablaufend, ziemlich weitstehend.
Stiel: Voll, faserig-zäh, mit weißlich flockigem Ring versehen, manchmal längsstreifig oder schuppig, rötlich braun, unten dunkler, oft gekrümmt.
Fleisch: Weißlichbräunlich, nicht besonders dick.
Geruch: Schwach laugenartig.
Geschmack: Nach längerem Kauen kratzend im Hals, zusammenziehend wie essigsaure Tonerde beim Gurgeln.
Standort und Vorkommen: An alten Stöcken, aber auch an lebenden Bäumen und Wurzeln, in großen Mengen büschelig, September bis Frosteintritt.
Bemerkungen: Roh giftig. Ohne Stiele nach Abkochen als Mischpilz eßbar (Kochwasser weggießen). Schwer verdaulich.
Ähnlich Ringloser Hallimasch, Armillariella tabescens (Scop. ex Fr.) Sing.

Sparriger Schüppling Pholiota squarrosa (Pers. ex Fr.) Kummer · eßbar nach Abkochen

Hut: Gelbbraun, mit dunkleren, sparrig abstehenden Schuppen bedeckt, in der Jugend halbkugelig, später flach gewölbt, Stiel und Hut anfangs durch eine schuppige Haut verbunden, Oberhaut trocken, nicht abziehbar. Lamellen dichtstehend, am Stiel angewachsen, anfangs gelblichgrün, später braun.
Stiel: Voll, zähfleischig, beringt, oberhalb des Ringes glatt und hellgelb, unterhalb des Hutes gleichfarbig und mit sparrigen Schuppen bedeckt, oft gekrümmt.
Fleisch: Blaßgelb, an der Stielbasis dunkler.
Geruch: Retticharig.
Geschmack: Mild oder etwas bitter.
Standort und Vorkommen: An Baumstümpfen und an lebenden Bäumen, büschelig, August bis Frosteintritt, seltener an Nadelhölzern.
Bemerkungen: Genießbar als Mischpilz (Stiele nicht verwendbar).
Verwechslungsmöglichkeit: Hallimasch (bedingt eßbar).

Hydnum repandum (L. ex Fr.) S. F. Gray · eßbar

Semmelstoppelpilz

Hut: 5—12 cm, semmelgelb bis orange, glatt, fettig, unregelmäßig geformt, zerbrechlich. Stacheln oder Stoppeln gelblich oder weißlich, weich, leicht zerbrechlich, ungleich lang, spitz, am Stiel etwas herablaufend.
Stiel: Blasser als der Hut, oft mit benachbarten Stielen verwachsen, kurz, oft exzentrisch.
Fleisch: Gelblich bis weißlich, im Hut weich, im Stiel brüchig.
Geruch: Angenehm.
Geschmack: Mild, im Alter etwas bitter.
Standort und Vorkommen: Laubwald, seltener Nadelwald, Juli bis November, gesellig.
Bemerkungen: Eßbar, junge Pilze wohlschmeckend, alte bitter.
Ähnlich die kleinere orangefuchsige Abart, var. rufescens Pers., ebenfalls eßbar.

Habichtspilz
Rehpilz

Sarcodon imbricatum
(L. ex Fr.) Karst · eßbar

Hut: Graubraun, flachgewölbt bis trichterförmig, 5—20 cm, mit schwarzbraunen, sparrigen, kreisförmig liegenden Schuppen, an ein Habichtsgefieder erinnernd. Stacheln hellbraun bis hellgrau wie ein Rehfell, dicht, am Stiel herablaufend, sehr brüchig.
Stiel: Weißgrau bis bräunlich, unregelmäßig dick, glatt, vollfleischig, 3—8 cm hoch.
Fleisch: Weiß bis graubraun, fest, derb.
Geruch: Würzig.
Geschmack: Angenehm.
Standort und Vorkommen: Trockener Nadelwald, bildet Hexenringe, August bis November.
Bemerkungen: Eßbar, nur junge Pilze verwenden. Geeignet für sauere Pilzgerichte, Suppen, zum Trocknen, Pilzextrakt, Pilzpulver.
Verwechslungsmöglichkeit: Sehr ähnlich ist der etwas kleinere, braunrötliche, ungenießbare, bittere Gallen-Stachling (Sarcodon scabrosus Fr.). Untrügliches Kennzeichen innen und außen schwarze Stielbasis.

Sarcodon scabrosus (Fr.) Karst. **Gallenstachling**
ungenießbar

Hut: 5—12 cm, braunrötlich, Schuppen gleichfarbig, wenig abstehend, Stacheln hellgrau, dann braun mit heller Spitze.
Stiel: Braun mit bläulichschwarzer Stielbasis als Hauptkennzeichen.
Fleisch: Weißblau, im Bruch violettgrün.
Geruch und Geschmack: Ohne Geruch, aber mit sehr bitterem Geschmack.
Standort und Vorkommen: Nadelwälder.
Bemerkungen: Ungenießbar, Kostprobe!
Verwechslungsmöglichkeit: Habichtspilz.
Ähnlich: Widerlicher Stachling (Sarcodon laevigatum [Swartz] Quél.) ebenfalls ungenießbar.

Schafeuter
Schafporling

Polyporus ovinus Schaeff. ex Fr.
(Albatrellus ovinus) · eßbar

Hut: 5—12 cm breit, blaßgelb bis graugelb, trocken, glatt oder rissig gefeldert, oft wellig verbogen. Röhren anfangs weiß, später gelblich, Mündungen sehr fein, am Stiel herablaufend.
Stiel: Bis 5 cm hoch, Farbe wie Hut, glatt, fleischig, ziemlich brüchig.
Fleisch: Weiß, leicht gelblich anlaufend, fest, leicht zerbrechlich, Bruchfläche uneben und zackig.
Geruch und Geschmack: Pilzartig.
Standort und Vorkommen: Sandige Kiefernwälder, sonst selten, Juli bis Oktober.
Bemerkungen: Eßbar, jung sehr schmackhaft. Bei älteren Pilzen die bittere Oberhaut entfernen.
Verwechslungsmöglichkeit: Semmelpilz (eßbar).

Polyporus confluens Fr. ex Albertini et **Semmelpilz**
(Albatrellus confluens) Schweinitz · eßbar   Semmelporling

Hut: Semmelgelb bis rötlichgelb, rissig gefeldert, oft unförmig breit (30 bis 40 cm). Röhren weiß bis rahmgelb, Poren nadelstichfein, Röhren am Stiel herablaufend.
Stiel: Der dickfleischige weiße Stiel steckt tief in der Erde und verästelt sich strunkartig.
Fleisch: Weiß, jung saftig, fest, im Alter herb.
Geruch: Schwach laugenartig.
Geschmack: Etwas bitter.
Standort und Vorkommen: Sandiger Nadelwald, Juli bis Oktober.
Bemerkungen: Eßbar, wohlschmeckend. Bei älteren Pilzen die bittere Oberhaut und Stacheln entfernen, Fleisch verfärbt sich beim Kochen schwach rötlich.
Verwechslungsmöglichkeit: Schafeuter (eßbar).

Schwefelporling Laetiporus sulphureus (Bull. ex Fr.) Bond et Sing · Jung eßbar

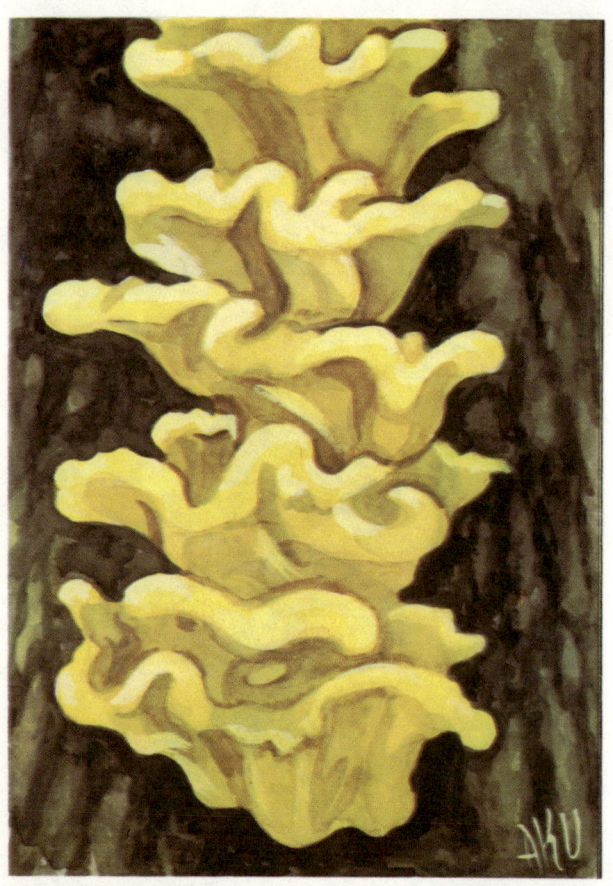

Hut: Vielgestaltig, meist durch ziegelartig übereinanderstehende Fruchtkörper, jung safran- bis ziegelrot, später orangedottergelb, im Alter schwefel- bis weißgelb. Die kurzen schwefelgelben Röhren sondern jung gelbliche Wassertröpfchen ab.
Fleisch: Das gelbliche dicke Fleisch ist jung sehr zart, von reichlichem gelben Saft durchsetzt.
Geruch: Stark aromatisch.
Geschmack: Säuerlich.
Standort und Vorkommen: An lebenden und toten Laubbäumen.
Bemerkungen: Jung eßbar, nach dem Abkochen (Wasser weggießen) fein wiegen und zu Pilzklopsen verarbeiten.

Polyporus squamosus (Huds. ex Fr.) Fr. **Schuppiger Porling**
jung genießbar

Hut: 10—30 cm dachziegelartig übereinander, ledergelb mit braunen, angedrückten Schuppen bedeckt. Röhren gelblich blaß, Poren erst klein, später weitmaschig-eckig.
Stiel: Kurz, dick, exzentrisch, an der Basis schwarz.
Fleisch: Weiß, fest, zäh.
Geruch: Süßlich mehlartig.
Geschmack: Etwas herb.
Standort und Vorkommen: An Laubholzstümpfen und Bäumen, Mai bis Oktober.
Bemerkungen: Jung genießbar, aber wenig schmackhaft.

Samtfußrübling
Winterpilz

Flammulina velutipes (Curt. ex Fr.) Sing.
eßbar (ohne Stiel)

Hut: Honiggelb, in der Mitte rostgelb, dünnfleischig, erst gewölbt, später verflacht. Lamellen gelblich, am Stiel angewachsen, breit.
Stiel: An der Spitze gelblich, gerieft, sonst braunschwarz, an der Basis verschmälert.
Fleisch: Gelb.
Geruch: Schwach laugenartig.
Geschmack: Gekocht angenehm würzig.
Standort und Vorkommen: An lebenden und abgestorbenen Laubbäumen vom Herbst bis zum Frühjahr.
Bemerkungen: Liefert im Winter wohlschmeckendes Pilzgericht.

Coprinus comatus (Müller in Fl. Dan. ex Fr.) **Schopf-Tintling**
S. F. Gray · eßbar

Hut: Hut bis 15 cm hoch, walzenförmig nie ausgebreitet, später glockig mit abstehenden dichten Schuppen, weiß, am Scheitel ockergelb. Lamellen dünn, weiß, vom Rand aus rosafarbig-bräunlichschwarz, tintenartig zerfließend.
Stiel: Bis 20 cm hoch, hohl, aufwärts schwach verjüngt, Ring beweglich und vergänglich.
Fleisch: Weiß, zart.
Geruch: Würzig.
Geschmack: Mild.
Standort und Vorkommen: Gesellig auf gedüngtem Boden, in Gärten, an Wegrändern, auf Schuttplätzen, Juli bis November.
Bemerkungen: Ausgezeichneter Speisepilz, solange die Blätter weiß sind; Reinigen und Entfernung der Schuppen, ohne zu waschen, fein schneiden und in Butter und Zwiebeln schmoren. Schmeckt wie Spargelgemüse, daher Spargelpilz. Empfehlenswert für Diabetiker wegen seiner zuckersenkenden Wirkung.

Grauer Faltentintling Coprinus atramentarius (Bull. ex Fr.) Fr.
bedingt eßbar

Hut: Bis 8 cm hoch, glockig gefurcht, grau, Scheitel bräunlich geschuppt, Rand im Alter stark zerschlitzt. Lamellen dichtstehend, weißgrau, schließlich in tintenartige Flüssigkeit auflösend.
Stiel: Bis 15 cm hoch, hohl, weißfaserig.
Fleisch: Weiß, mild.
Geruch: Schwach, angenehm.
Geschmack: Mild.
Standort und Vorkommen: Büschelig auf fettem Boden, auf Wiesen, in Gärten, an Wegrändern. Doch nicht unmittelbar auf Mist.
Bemerkungen: Vor, während und nach Gerichten mit Faltentintlingen dürfen keine alkoholischen Getränke genossen werden, da sonst Vergiftungen eintreten können: Herzklopfen, Rötung der Gesichtshaut etc. (Darum heißt er auch Antialkoholikerpilz.)
Verwechslungsmöglichkeit: Ähnlich der Glimmertintling, Coprinus micaceus (Bull. ex Fr.) Fr. nur etwas kleiner, jung mit glimmerigen Körnchen auf dem Hut. Im Alter genau wie Faltentintling, dessen Standort er teilt. Jung eßbar.

Clavaria (Ramaria) flava (Fr.) Quél. · eßbar

Zitronengelber Ziegenbart

Fruchtkörper: Schwefelgelb, zitronengelb, Endästchen gleichfarbig, zweiteilig, Strunk an Druckstellen mit roten Flecken, bis 15 cm hoch.
Fleisch: Weiß, weich in den Ästen und Spitzen wässerig.
Geruch: Würzig.
Geschmack: Würzig, bei älteren Pilzen oft bitter.
Standort und Vorkommen: Laubwald unter Buchen, seltener im Nadelwald, Juli bis Oktober.
Bemerkungen: Junge Pilze eßbar, bei älteren Spitzen entfernen, da sie einen Bitterstoff enthalten.
Verwechslungsmöglichkeit: Ähnlich der giftige Blasse Ziegenbart (Bauchwehkoralle), Clavaria pallida (Schff. ex Fr.). Fruchtkörper blaß, graugelblich, milchkaffeefarbig, Fleisch riecht seifenartig, in Laubwäldern, besonders auf Kalk, August bis September.

Goldgelber Ziegenbart Clavaria (Ramaria) aurea (Schff. ex Fr.) Quél. · eßbar

Fruchtkörper: Junge Pilze leuchtend goldgelb, später ockergelb, Endästchen drei- bis vierteilig.
Fleisch: Weiß, leicht zerbrechlich, zart, wäßrig.
Geruch: Würzig säuerlich.
Geschmack: Milde, bei alten Pilzen bitter.
Standort und Vorkommen: Nadelwald, selten Laubwald, Juli bis Oktober.
Bemerkungen: Junge Pilze eßbar, nur bei älteren Pilzen die bitteren Spitzen entfernen.
Verwechslungsmöglichkeit: Ähnlich der schwach giftige Schöne Ziegenbart (Clavaria formosa Pers.). Die orangefarbenen Zweige enden in zitronengelben Spitzen, der Strunk ist weiß (Dreifarbige Koralle!).

Clavaria (Clavariadelphus) pistillaris
L. ex Fr. · jung eßbar

Herkuleskeule

Fruchtkörper: Der Pilz hat die Form einer senkrecht im Wald stehenden Keule. Sie ist erst glatt, später längsrunzelig, ockergelblich bis rotbräunlich.
Fleisch: Weiß und weich.
Geruch und Geschmack: Angenehm riechend, aber bitter schmeckend.
Standort und Vorkommen: Gesellig unter Buchen, besonders auf Kalk, Juli bis November.
Bemerkungen: Alt ungenießbar.
Verwechslungsmöglichkeiten: Ähnlich, aber kleiner und schlanker, im Nadelwald die Zungenkeule (Clavaria ligula Schaeff.). Ferner auch im Nadelwald die Abgestutzte Keule (Clavaria truncata Quél.) oben abgeplattet.

Totentrompete
Herbsttrompete

Craterellus cornucopioides (L. ex Fr.)
Pers. · eßbar

Fruchtkörper: Trompetenförmig bis trichterförmig mit wellig verbogenem Rand, bis zum Grund hohl; innen feinschuppig braunschwarz bis schwarz, außen anfangs glatt, dann schwachrunzelig, aschgrau, zuletzt durch Sporen weiß bereift.
Geruch: Pflaumenartig.
Geschmack: Mild.
Standort und Vorkommen: Truppweise in Laubwäldern unter Buchen, im Herbst, besonders zur Zeit der Totengedenktage, daher der Name.
Bemerkungen: Wohlschmeckender Speisepilz (Mischpilz), geeignet zum Trocknen.
Verwechslungsmöglichkeit: Eine Verwechslung mit dem sehr ähnlichen Ganzgrauen Leistling (Cantharellus cinerius Pers.) ist ungefährlich, da derselbe auch eßbar ist.

Clavaria (Clavariadelphus) pistillaris **Herkuleskeule**
L. ex Fr. · jung eßbar

Fruchtkörper: Der Pilz hat die Form einer senkrecht im Wald stehenden Keule. Sie ist erst glatt, später längsrunzelig, ockergelblich bis rotbräunlich.
Fleisch: Weiß und weich.
Geruch und Geschmack: Angenehm riechend, aber bitter schmeckend.
Standort und Vorkommen: Gesellig unter Buchen, besonders auf Kalk, Juli bis November.
Bemerkungen: Alt ungenießbar.
Verwechslungsmöglichkeiten: Ähnlich, aber kleiner und schlanker, im Nadelwald die Zungenkeule (Clavaria ligula Schaeff.). Ferner auch im Nadelwald die Abgestutzte Keule (Clavaria truncata Quél.) oben abgeplattet.

Totentrompete
Herbsttrompete

Craterellus cornucopioides (L. ex Fr.) Pers. · eßbar

Fruchtkörper: Trompetenförmig bis trichterförmig mit wellig verbogenem Rand, bis zum Grund hohl; innen feinschuppig braunschwarz bis schwarz, außen anfangs glatt, dann schwachrunzelig, aschgrau, zuletzt durch Sporen weiß bereift.
Geruch: Pflaumenartig.
Geschmack: Mild.
Standort und Vorkommen: Truppweise in Laubwäldern unter Buchen, im Herbst, besonders zur Zeit der Totengedenktage, daher der Name.
Bemerkungen: Wohlschmeckender Speisepilz (Mischpilz), geeignet zum Trocknen.
Verwechslungsmöglichkeit: Eine Verwechslung mit dem sehr ähnlichen Ganzgrauen Leistling (Cantharellus cinerius Pers.) ist ungefährlich, da derselbe auch eßbar ist.

Lycoperdon perlatum Pers.   **Flaschenstäubling**
jung eßbar

Fruchtkörper: Verkehrt flaschenförmig, oberer Teil kugelig, unterer walzlich, mit zerbrechlichen, abwischbaren Stacheln besetzt. Anfangs weißlich, dann gelblich, bei der Reife graubräunlich.
Fleisch: Jung weiß, dann gelbgrünlich bis olivbraun, zuletzt staubartig, auf Druck rauchartig aus der Scheitelöffnung entweichend.
Geruch: Streng jodartig.
Geschmack: Mild.
Standort und Vorkommen: In Wäldern und auf Heiden, Juli bis November.
Bemerkungen: Jung eßbar, solange das Fleisch weiß ist, gut durchkochen, dann verschwindet der Jodgeruch.

Birnenstäubling Lycoperdon piriforme Schaeff. ex Pers.
bedingt eßbar

Fruchtkörper: Büschelig wachsend von mehr oder weniger birnenförmiger Gestalt, ockerliche bis braune, körnig-kleiig-warzige Außenhaut.
Fleisch: Jung weiß, dann gelbgrün, olivbraun, zuletzt staubartig.
Geruch: Stark jodartig.
Geschmack: Mild.
Standort und Vorkommen: Auf alten Baumstümpfen rasig büschelig, August bis November.
Bemerkungen: Eßbar nur, solange das Fleisch weiß ist. Geruch verschwindet nach längerem Kochen.

Scleroderma aurantium
L. ex Pers. · giftig

Dickschaliger Kartoffelbovist

++

Fruchtkörper: Kugelig bis flachknollig, hell- bis dunkelbraun, warzig gefeldert, Fleisch beim jungen Pilz weiß, beim reifen Pilz schwarz bis dunkelviolett.
Geruch: Stechend scharf, rettichähnlich.
Standort und Vorkommen: Kiefernwald, Sand, August bis November.
Bemerkungen: Giftig. Ähnlich der Dünnschalige Kartoffelbovist, Scleroderma verrucosum Persoon. Auf dem Kartoffelbovist schmarotzt ein Pilz, Xerocomus parasiticus (Bull. ex Fr.) Quél., der Schmarotzer-Röhrling. Wegen seiner Seltenheit schonen!

Eierbovist
Schwärzender Bovist

Bovista nigrescens Pers.
eßbar

Fruchtkörper: Walnuß- bis hühnereigroß, weiße Hüllhaut löst sich bei der Reife in Fetzen ab, die papierdünne Innenhülle glänzend bis schwarzbraun, öffnet sich im Scheitel mit einem ziemlich großen und regelmäßig gezahnten Loch.
Fleisch: Jung schneeweiß.
Geruch: Schwach jodartig.
Geschmack: Mild.
Standort und Vorkommen: Auf Weiden und Wiesen, gesellig, Juni bis Oktober.
Bemerkungen: Jung, solange das Fleisch weiß ist, eßbar und wohlschmeckend.
Verwechslungsmöglichkeit: Ähnlich der kleinere eßbare Zwergbovist (Bovista plumbea Pers.).

Gyromitra esculenta (Pers.) Fr. **Frühjahrslorchel**
giftig, nur nach Vorbehandlung eßbar Giftlorchel

† † †

Hut: Rotbraun, später kaffeebraun, hirnartig gewunden, hohl (Fruchtschicht auf der Oberseite!).
Stiel: Weißlich und faltig, gekammert-hohl.
Fleisch: Wachsartig dünn, zerbrechlich.
Geruch: Angenehm.
Geschmack: Geschmacksprobe lebensgefährlich!
Standort und Vorkommen: Sandige, kalkarme Kiefernwälder, März bis Mai.
Bemerkungen: Eßbar nach 20 Minuten abkochen, Kochwasser wegschütten, die Pilze auf einem Sieb überbrausen. Trotz dieser Behandlung sind in den letzten Jahren tödliche Vergiftungen vorgekommen. Wer sicher gehen will, meide die Lorcheln; auch die Riesenlorchel Gyromitra gigas. Krombholz.

Herbstlorchel   Helvella crispa (Scop.) Fr.
Krause Lorchel   eßbar

Hut: Weißlich bis gelbbraun, unregelmäßig gelappt und gefaltet.
Stiel: Weißlich, längsrippig und furchig, knorpelig, bauchig, innen kammerig hohl.
Fleisch: Weißlich, brüchig.
Geruch: Angenehm.
Geschmack: Nußartig mild.
Standort und Vorkommen: In Laubwäldern und im Gebüsch, meist zwischen Gras und Laub im Herbst.
Bemerkungen: Abgebrüht eßbar, aber schwer verdaulich.

Gyromitra esculenta (Pers.) Fr. **Frühjahrslorchel**
giftig, nur nach Vorbehandlung eßbar Giftlorchel

†††

Hut: Rotbraun, später kaffeebraun, hirnartig gewunden, hohl (Fruchtschicht auf der Oberseite!).
Stiel: Weißlich und faltig, gekammert-hohl.
Fleisch: Wachsartig dünn, zerbrechlich.
Geruch: Angenehm.
Geschmack: Geschmacksprobe lebensgefährlich!
Standort und Vorkommen: Sandige, kalkarme Kiefernwälder, März bis Mai.
Bemerkungen: Eßbar nach 20 Minuten abkochen, Kochwasser wegschütten, die Pilze auf einem Sieb überbrausen. Trotz dieser Behandlung sind in den letzten Jahren tödliche Vergiftungen vorgekommen. Wer sicher gehen will, meide die Lorcheln; auch die Riesenlorchel Gyromitra gigas. Krombholz.

Herbstlorchel   Helvella crispa (Scop.) Fr.
Krause Lorchel   eßbar

Hut: Weißlich bis gelbbraun, unregelmäßig gelappt und gefaltet.
Stiel: Weißlich, längsrippig und furchig, knorpelig, bauchig, innen kammerig hohl.
Fleisch: Weißlich, brüchig.
Geruch: Angenehm.
Geschmack: Nußartig mild.
Standort und Vorkommen: In Laubwäldern und im Gebüsch, meist zwischen Gras und Laub im Herbst.
Bemerkungen: Abgebrüht eßbar, aber schwer verdaulich.

Morchella conica Pers. ex Fr. **Spitzmorchel**
eßbar

Fruchtkörper: Kegelförmig zugespitzt, mit erhöhten Längsrippen und tiefer liegenden wabenartigen Gruben mit Querrippen. Die anfangs grauen Längsrippen färben sich später dunkler. Der Fruchtkörper ist hohl, zerbrechlich und am Stiel angewachsen.
Stiel: Kürzer als der Hut, weißlich, zerbrechlich, glatt.
Geruch: Angenehm würzig.
Geschmack: Mild.
Standort und Vorkommen: In lichten Wäldern und Gebüschen, Parkanlagen und Gärten, April bis Mai.
Bemerkungen: Wohlschmeckender Speisepilz; zum Trocknen geeignet.
Verwechslungen: Sehr ähnlich ist die ebenfalls eßbare Hohe Morchel (Morchella elata Fr.), deren meist längsrilliger Stiel doppelt so hoch wird wie der Hut.

Speisemorchel Morchella esculenta Pers. ex St. Amans
Rundmorchel eßbar

Fruchtkörper: Goldgelb bis dunkelockerfarben, rundlich bis eiförmig, mit unregelmäßigen tiefen wabenartigen Gruben bedeckt, Innenfläche glatt.
Stiel: Hohl, kleieartig überstäubt, weiß mit verdickter Basis.
Fleisch: Sehr zerbrechlich, wachsartig, weiß.
Geruch: Angenehm würzig.
Geschmack: Mild.
Standort und Vorkommen: Laubwälder, Parkanlagen, Waldränder, Gebüsch, April bis Ende Mai.
Bemerkungen: Hochwertiger Speisepilz, auch zum Trocknen geeignet.

Phallus impudicus L. ex Pers. **Stinkmorchel**
ungenießbar

Fruchtkörper: Anfangs als »Hexenei« unterirdisch, weißlich, hühnereigroß, weich, elastisch. Im Längsschnitt erscheint in hübscher Farbzeichnung die Endform, bestehend aus Stiel und Hut.
Stiel: Löcherig, zellig, hohl, weiß an der lappigen Eihülle sitzend, nach oben verjüngt.
Hut: Glockig, fingerhutförmig an der Spitze mit dem Stiel verwachsen und durchlöchert, mit einer aasartig stinkenden, olivgrünen Sporenmasse bedeckt. Nachdem der Schleim abgetropft ist, erscheint der Fruchtkörper weißlich, wabenartig gekammert und sieht dadurch morchelähnlich (Name) aus.
Standort und Vorkommen: In Laubwäldern, Parkanlagen, Gebüsch, Juli bis Oktober.
Bemerkungen: Als Hexenei eßbar, aber nicht zu empfehlen. Durch den starken Geruch werden die Aasfliegen angelockt, die zur Verbreitung der Sporen beitragen.

Kronenbecherling Peziza coronaria Jacquin
Sarcosphaeca eximia (Dur. et Lév.) R. Mre
giftig

Fruchtkörper: Anfangs in den Boden eingesenkt, hohle weiße Kugel, später sternförmig aufbrechend und aus der Erde heraustretend und sich blaßockergelb verfärbend. Innen ist der mit der Fruchthaut ausgekleidete Becher lebhaft violett.
Fleisch: Knorpelig, weiß.
Geruch: Geruchlos.
Geschmack: Kostprobe lebensgefährlich!
Standort und Vorkommen: Laub- und Nadelwälder, besonders auf Kalk, gesellig.
Bemerkungen: Giftig. Auch nach dem Abkochen sind schon Vergiftungen vorgekommen. Deshalb als Schmuck unserer Wälder stehenlassen.

Geaster fimbriatum Fr. **Gefranster Erdstern**
Gaestrum rufescens Pers.

Diese Verwandten der Boviste zeichnen sich durch besondere Schönheit aus und verdienen als Schmuck des Waldes unseren Schutz.
Die äußere Hülle spaltet sich in 6—8 ungleichmäßige zugespitzte Lappen, die sich später bei trockener Luft nach abwärts umrollen, so daß der innere Fruchtkörper emporgehoben wird, damit die austretenden Sporen vom Wind fortgetragen werden. Die mit feinen Fransen versehene Öffnung gab dem Pilz seinen Namen.
Standort und Vorkommen: Auf sandigen Böden im Laub- und Nadelwald vom Sommer bis Herbst. Wirtschaftlich wertlos; aber als Kunstwerk der Natur uns zur Freude geschaffen.

Doppelhut auf Steinpilz

Dem aufmerksamen Pilzsammler werden Gestalten begegnen, die durch eigenartige Neubildungen auffallen. Ich möchte diese Erscheinungen nicht einfach als Mißbildungen bezeichnen, sondern als besondere Erscheinungsformen. Sehr reizvoll ist die Bildung eines zweiten kleineren Hutes, die sowohl bei verschiedenen Röhrenpilzen als auch bei den Blätterpilzen beobachtet werden konnte. Dabei ist der zweite Hut in allen Teilen normal ausgebildet. Die Ursache dieser Bildungen ist noch nicht ganz geklärt. Man nimmt an, daß es sich nicht um eine Neubildung handelt, sondern um eine Verwachsung, die bereits im ersten Entwicklungszustand vorhanden war. Von dem größeren und kräftigeren Fruchtkörper wurde bei der Streckung der Schwächere mit emporgehoben. Auf der Hutoberfläche seines Trägers hat er sich ungehindert entwickeln können. Auffällig ist, daß bei verschiedenen Pilzen die gleichen Bildungen zu beobachten sind. Es müssen also die gleichen Faktoren sein, welche diese Wirkungen auslösen. Sie sind aber noch unbekannt.

Apfeltäubling mit Doppelhut

Mehr noch als die Doppelhutbildung beim Steinpilz gibt die ungewöhnliche Bildung beim Apfeltäubling Anlaß zum Nachdenken. Hier ist der zweite Fruchtkörper nur mit einem kleinen Bruchteil seines Hutes mit dem Mutterpilz verwachsen und doch vollkommen normal entwickelt. Diese Rätsel sind noch nicht befriedigend gelöst. Der Pilzsammler aber wird solche Funde schonen und sich über den Reichtum der Schöpfung freuen.

Pilzverwertung

Die eingebrachte Pilzernte muß zu Hause so schnell wie möglich zubereitet werden, denn es ist beinahe unglaublich, was die Maden selbst in einer einzigen Nacht an Zerstörung vollbringen können. Insbesondere Röhrlinge, Ritterlinge und Täublinge sind dieser Gefahr ausgesetzt. Darum ist es immer am besten, die Pilze s o f o r t in Stücke zu zerschneiden und die wurmstichigen Teile zu entfernen.

Was den Nährwert der Pilze betrifft, sind die Meinungen geteilt. Frische Pilze haben einen hohen Wasser-, jedoch einen geringen Fettgehalt, dagegen sind sie reich an Eiweißstoffen und Kohlehydraten. Eine Pilzmahlzeit von 300 Gramm Frischpilzen liefert etwa 5 bis 10 Gramm Eiweiß und damit etwa ein Sechstel des Eiweiß-Tagesbedarfes. Sie deckt außerdem rund ein Fünftel des Bedarfs an den Vitaminen B_1, B_2 und C und den Gesamtbedarf an pellagraverhütenden Vitaminen (PP-Faktor). Einige Pilze enthalten auch beträchtliche Mengen an anderen Vitaminen.

Pilze sind somit hochwertige Nahrungsmittel. Ihr Eiweißreichtum ist so groß, daß man mit einigem Recht vom »Fleisch des Waldes« sprechen darf. Ein Kilogramm Pilze hat den Eiweißwert von rund 300 Gramm Fleisch oder Wurst bzw. denselben Eiweißwert wie ein Liter Milch. Die Mineralwerte, insbesondere der Eisengehalt, sind bei schonender Zubereitung ebenfalls beträchtlich.

Der hohe Eiweißgehalt der Pilze läßt es nicht ratsam erscheinen, große Mengen von Pilzen und Fleisch gleichzeitig zu genießen. Will man sie dennoch zusammen auf den Tisch bringen, so verwendet man die Pilze am besten in kleinen Mengen, pikant zubereitet, als Fleisch- oder Soßenwürze.

Der Nährwert wird sicher auch durch die Art der Zubereitung beeinflußt. So muß die Mehrzahl der Pilze vor der endgültigen Zubereitung kurz vorgekocht werden. Feinschmecker vertreten sogar die Auffassung, daß dies bei allen Arten nötig sei.
Ohne Ausnahme muß der Grundsatz gelten, alle frischen Pilze, ohne Rücksicht auf die Zubereitungsart, einem Kochprozeß zu unterziehen. Dies bezieht sich auch auf die Zubereitung von Pilzsalaten.

Das Eingefrieren von Pilzen

Bei der derzeitigen Gefriertechnik wird das Eingefrieren von Pilzen empfohlen. Hierzu sind besonders feste Pilze geeignet, wie Steinpilze, Rotkappen, Maronen, junge Reifpilze. Weniger gut sind Pfifferlinge, Champignons und schleimige Pilze. Die Rohware verlangt frische, gesunde, nicht zu große, madenfreie Pilze. Diese putzen, schneiden und nicht waschen, sondern trocken in Plastiksäcke füllen und in die Gefriertruhe geben. Es empfiehlt sich, die einzelnen Packungen nicht schwerer als ein Kilogramm zu machen, um das gleichmäßige Gefrieren der Pilze zu erleichtern.

Bei der anderen Art des Eingefrierens müssen die Pilze zuvor blanchiert werden. Genaue Beschreibung dieser Zubereitung finden wir in »Ratschläge und Rezepte für das Eingefrieren« von Fa. Bosch und BBC, die jeder Käufer einer Gefriertruhe erhält.

Das Trocknen von Pilzen

Es gibt zwei Möglichkeiten, Pilze haltbar zu machen:
1. Trocknen und 2. Einwecken.
Nicht immer zum Trocknen geeignet sind: schleimige Röhrlinge (z. B. Butterpilz), der Semmelstoppelpilz, Schnecklinge, Saftlinge und Stäublinge.
Trocknen ist die einfachste, schnellste und billigste Methode der Pilzkonservierung. Man schneidet die gereinigten, ungewaschenen Pilze in dünne Scheiben.
Die feingeschnittenen Pilze werden auf großen, engmaschigen Fliegengittern zum Trocknen ausgebreitet. Ein dünnes, sauberes Leinentuch wird über das Metall gelegt, damit die Pilze mit ihm nicht in direkte Berührung kommen.
Das Trocknen erfolgt am besten in der prallen Sonne bei leichtem Wind oder im Trocken- bzw. Backofen. Je schneller der Vorgang des Trocknens vonstatten geht, desto besser werden die Pilze. Auf gar keinen Fall darf sich der Trockenprozeß über mehrere Tage hinziehen, wie das beispielsweise der Fall ist, wenn die Pilze auf dem Speicher ausgebreitet werden.
Getrocknete Pilze dürfen nicht in offenen Tüten, Körben, Säcken und sonstigen Behältern aufbewahrt werden, die der Luft freien Zugang lassen. Sofort nach Beendigung des Trockenprozesses müssen sie in Behälter, etwa Weckgläser, Blechdosen usw., gefüllt werden, die absolut luftdicht zu verschließen sind. In dieser Verpackung sind die Pilze jahrelang haltbar.
Der Verwendung der getrockneten Pilze muß eine mindestens einhalbstündige Wässerung vorausgehen. Wasser weggießen, dann kurz aufkochen, Zubereitung für Pilzmahlzeiten nach Geschmack.

Das Einwecken von Pilzen

Zum Einwecken sind nur wenige Pilze wirklich geeignet. Dabei ist zu beachten, daß nur jüngere, feste, kernige Pilze verwendet werden (Steinpilz, Rotkappe, Marone, Reifpilz usw.). Die Pilze werden je nach ihrer späteren Verwendung halbiert, geviertelt oder in Scheiben geschnitten, gewaschen und in kochendes Wasser geworfen, nach Schaumbildung abgeseiht. Darnach werden die noch warmen Pilze in vorgewärmte Weckgläser gefüllt, ein abgekochtes leichtes Salzwasser darübergegossen, bis zwei Finger breit unter dem Weckglasrand. Die Gläser werden mit einem sauberen, trockenen Gummiring geschlossen und im Wasserbad bei 98 bis 100° C 90 Minuten lang sterilisiert. Nach zwei Tagen noch einmal 60 Minuten wieder bei 98—100° C.
Sämtliche Würzstoffe und Salz gibt man e r s t n a c h Herausnahme aus dem Weckglas beim Zubereiten der Pilzmahlzeit bei.

Pilzkalender

Das Erscheinen der Pilze ist hauptsächlich abhängig von der Feuchtigkeit des Bodens und der Temperatur. Bei dem in den letzten Jahren so unbeständigen Wetter verschieben sich die Wachstumszeiten oft erheblich, ja es wurden Herbstpilze im Frühjahr und Frühjahrspilze im Herbst beobachtet. Im allgemeinen aber kann man finden:

Ab Januar, Februar: Samtfußrübling, Austernseitling

April, Mai:	Graublättriger Schwefelkopf
	Frühjahrslorchel †††
	Speisemorchel
	Mairitterling
	Ziegelroter Rißpilz ††
	Rötlinge ††
	Stockschwämmchen
Juni:	Grüner Knollenblätterpilz †††
	Rotkappe, Birkenpilz
	Steinpilz
	Gallenröhrling †
	Pfifferling
Juli:	Pantherpilz ††
	Gelber Knollenblätterpilz ††
	Weißer Knollenblätterpilz †††
	Champignon (Giftchampignon ††)
	Täublinge (Speitäubling †)
August:	Brätlinge
	Marone
September:	Zitronblättriger Täubling ††
	Zedernholztäubling ††
	Violetter Ritterling
	Lilastiel
	Nebelgrauer Trichterling
	Grünling
Oktober:	Frostschneckling
	Austernseitling
	Samtfußrübling

† ungenießbar oder bedingt genießbar
†† giftig
††† tödlich giftig

Wichtigste Pilzliteratur

1 Amann, Gottfr.: Pilze des Waldes, Melsingen 1961/62
2 Benedix, E. H.: Pilzjagd — waidgerecht, Pilztabellen für jedermann, Heft 1, Berlin-Kleinmachnow 1948
 —: Unsere Kremplinge und Röhrenpilze, Pilztabellen für jedermann, Heft 14, Berlin-Kleinmachnow 1948
 —: Die Knollenblätterpilze, Pilztabellen für jedermann, Heft 10, Berlin-Kleinmachnow 1950
3 Gramberg, Eugen: Die Pilze der Heimat, Bd. I und II, Leipzig 1913
4 Dr. Ida Greis: Unser Pilzbuch, Murnau
5 Dr. Haas: Pilze Mitteleuropas, Bd. I und II, Stuttgart 1951 und 1953
6 Hennig und Schäffer: Führer für Pilzfreunde, Bd. I, Leipzig 1939
7 Hennig, Bruno: Taschenbuch für Pilzfreunde, Jena 1964
8 Dr. Jahn: Pilze rundum, Hamburg 1949
 —: Wir sammeln Pilze, Gütersloh 1964/65
9 Kallenbach: Die Pilze Mitteleuropas, Bd. I, Die Röhrlinge, Leipzig 1926 ff.
10 Knaurs Pilzbuch von Linus Zeitlmayr, München 1954
11 J. E. Lange und M. Lange: 600 Pilze in Farben, München 1962
12 Lange: Flora Agaricina Danica, Kopenhagen 1935—1940
13 Merkl, Michael: Ich kenne die Pilze, München
14 Michael, E.: Führer für Pilzfreunde, Bd. I—III, Ausg. B, Zwickau, S. 1917
15 Michael/Hennig: Handbuch für Pilzfreunde
 1. Band: Die wichtigsten und häufigsten Pilze, Gustav Fischer, Jena 1958 und 1968
 2. Band: Nichtblätterpilze, Gustav Fischer, Jena 1960
 3. Band: Hellblättler und Leistlinge, Gustav Fischer, Jena 1964
 4. Band: Dunkelblättler, Gustav Fischer, Jena 1968
16 Moser: Die Pilze Mitteleuropas, Bd. IV, Die Gattung Phlegmacium, Bad Heilbrunn 1960
 —: Die Röhrlinge u. Blätterpilze, Stuttgart 1967
 —: Schlauchpilze, Stuttgart 1963
17 Neuhoff, W.: Pilze Deutschlands, I. Bd., Hamburg 1946
 —: Die Pilze Mitteleuropas, Bd. IIb, Die Milchlinge, Bad Heilbrunn 1956
18 J. Peter: Kleine Pilzkunde Mitteleuropas, Zürich
19 Dr. Pilat: Pilz-Taschenatlas, 1. Auflage 1959 by Artia Pragne, CSSR
20 Dr. W. Rauh: Unsere Pilze, Heidelberg 1959
21 Ricken: Die Blätterpilze, Bd. I und II, Leipzig 1915
 —: Vademecum für Pilzfreunde, Leipzig 1918
22 Romagnesi Henri: Les Russules D'Europe et d'Afrique du Nord, Bordas Paris 1967
23 Schäffer, J.: Pilze Mitteleuropas, Bd. III, Bad Heilbrunn 1952
24 Singer, Rolf: Pilze in Mitteleuropa, Bd. V, Die Röhrlinge, Teil I
 —: Pilze Mitteleuropas, Bd. VI, Die Röhrlinge, Teil II, Bad Heilbrunn 1965/66
25 Schweizer Pilztafeln, Bd. I—IV, Zürich 1947, 1947, 1947, 1954
26 Westfälische Pilzbriefe von Jahn
27 Zeitschrift für Pilzkunde der Deutschen Gesellschaft für Pilzkunde
28 Horak, E.: Die Gattungstypen der Agaricales, 1968
29 Dr. Hanns Kreisel: Die phytopathogenen Großpilze Deutschlands, Gustav Fischer, Jena 1961

Verzeichnis der Pilze

Die Zahl hinter den Pilznamen gibt die Seite des abgebildeten und beschriebenen Pilzes an.
Die mit * bezeichneten Pilze sind nur kurz beschrieben.

Becherling
		Seite
Kronenbecherling	Sarcosphaera coronaria = S. eximia (Peziza)	120

Bovist — Stäubling
Dickschaliger Kartoffelbovist	Scleroderma aurantium	113
Dünnschaliger Kartoffelbovist	Scleroderma verrucosum *	113
Eierbovist — schwärzender Bovist	Bovista nigrescens	114
Zwergbovist	Bovista plumbea *	114
Birnenstäubling	Lycoperdon piriforme	112
Flaschenstäubling	Lycoperdon perlatum	111

Champignon (Egerling)
Feldchampignon-Feldegerling	Agaricus campester	44
Dünnfleischiger Anisegerling	Agaricus silvicola *	36
Giftchampignon	Agaricus xanthoderma	45
Schafchampignon	Agaricus arvensis	46
Waldchampignon	Agaricus silvaticus	47

Erdstern
Gefranster Erdstern	Geaster fimbriatum	121

Faserkopf (Rißpilz)
Ziegelroter Faserkopf	Inocybe patouillardii	72

Hallimasch
Hallimasch	Armillariella mellea	95
Ringloser Hallimasch	Armillariella tabescens *	95

Knollenblätterpilz
Fliegenpilz	Amanita muscaria	43
Fliegenpilz (schlanker, goldgelber)	Amanita var. aureola *	43
Fliegenpilz (brauner)	Amanita regalis *	43
Gelber Knollenblätterpilz	Amanita citrina	39
Grauer Wulstling	Amanita spissa	42
Grüner Knollenblätterpilz	Amanita phalloides	35
Pantherpilz	Amanita pantherina	37
Perlpilz	Amanita rubescens	38
Porphyrbrauner Knollenblätterpilz	Amanita porphyria	40

		Seite
Scheidenstreifling	Amanita vaginata	41
brauner	Am. var. badia *	41
grauer	Am. var. plumbea	41
gelbbräunlicher	Am. var. fulva	41
orangegelber	Am. var. crocea *	41
weißer	Am. var. alba *	41
Weißer Knollenblätterpilz	Amanita verna	36
Spitzhütiger Knollenblätterpilz	Amanita virosa *	36

Koralle

Bauchwehkoralle, Blaßer Ziegenbart	Clavaria pallida *	107
Goldgelber Ziegenbart	Clavaria aurea	108
Schöner Ziegenbart	Clavaria formosa *	108
Zitrongelber Ziegenbart	Clavaria flava	107
Herkuleskeule	Clavaria pistillaris	109
Zungenkeule	Clavaria ligula *	109
Abgestutzte Keule	Clavaria truncata *	109

Krempling

Kahler Krempling	Paxillus involutus	69
Samtfußkrempling	Paxillus atrotomentosus	70

Lorchel

Frühjahrslorchel	Gyromitra esculenta	115
Riesenlorchel	Gyromitra gigas *	115

Milchling (Reizker)

Echter Reizker	Lactarius deliciosus	62
Blutreizker	Lactarius sanguifluus *	62
Birkenreizker	Lactarius torminosus	63
Blasser Birkenreizker	Lactarius pubescens *	63
Brätling	Lactarius volemus	64
Pfeffermilchling	Lactarius piperatus	67
Rotbrauner Milchling	Lactarius rufus	65
Orangeblätteriger Milchling	Lactarius badiosanguineus *	65
Kampfermilchling	Lactarius camphoratus *	65
Tannenreizker	Lactarius necator	66
Wolliger Milchling	Lactarius vellerus	68

Morchel

Hohe Morchel	Morchella elata *	117
Speisemorchel	Morchella esculenta	118
Spitzmorchel	Morchella conica	117
Stinkmorchel	Phallus impudicus	119

		Seite
Pfifferling		
Echter Pfifferling	Cantharellus cibarius	87
Pfifferling, Buchenwaldform	Canth. var. pallidus *	87
Ganzgrauer Leistling	Cantharellus cinerius *	110
Falscher Pfifferling	Hygrophoropsis aurantiaca	88
Porling		
Schafporling, Schafeuter	Polyporus ovinus	100
Schuppiger Porling	Polyporus squamosus	103
Schwefelporling	Polypilus sulphureus	102
Semmelporling	Polyporus confluens	101
Ritterling		
Echter Ritterling, Grünling	Tricholoma flavovirens	75
Lilastiel-Ritterling	Lepista personata	79
Fleischbrauner Ritterling	Lepista sordida *	79
Mai-Ritterling, Georgi-Ritterling	Calocybe georgii	71
Rötlicher Ritterling	Tricholomopsis rutilans	74
Seifen-Ritterling	Tricholoma saponaceum	73
Schwarzfaseriger Ritterling	Tricholoma portentosum	77
Schwefel-Ritterling	Tricholoma sulphureum	76
Violetter Ritterling	Lepista nuda	78
(Blaßblaue Abart vom V. R.)	Lepista glaucocana *	78
Röhrlinge		
Birkenpilz	Leccinum scabrum	27
Rotkappe	Leccinum aurantiacum *	27
Birkenröhrling	Leccinum scabrum	28
Gelber Birkenröhrling	Boletus rimosus *	28
Schwärzender Birkenröhrling	Boletus carpini *	28
Butterröhrling	Suillus luteus	25
Dickfußröhrling	Boletus calopus	32
Flockenstieliger Hexenröhrling	Boletus erythropus	34
Gallenröhrling	Tylopilus felleus	20
Goldröhrling	Suillus grevillei	26
Körnchenröhrling	Suillus granulatus	29
Kuhpilz	Suillus bovinus	30
Maronenröhrling	Xerocomus badius	21
Samtmarone	Xerocomus spadiceus *	21
Netzstieliger Hexenröhrling	Boletus luridus	33
Rotfußröhrling	Xerocomus chrysenteron	23
Goldschimmelbefall	Hypomyces chrysospermus *	23
Sandröhrling	Suillus variegatus	22
Pfefferröhrling	Suillus piperatus *	22
Satansröhrling	Boletus satanas	31
Schmarotzerröhrling	Xerocomus parasiticus *	113

		Seite
Steinpilz	Boletus edulis	19
Steinpilz mit Doppelhut	Boletus edulis	122
Ziegenlippe	Xerocomus subtomentosus	24
Goldschimmelbefall	Hypomyces chrysospermus *	24

Rötling
Riesenrötling	Rhodophyllus sinuatus	81

Rübling
Samtfußrübling	Flammulina velutipes	104
Waldfreundrübling	Collybia dryophila	90

Schirmpilz
Großer Schirmpilz, Parasolpilz	Macrolepiota procera	48
Safran-Schirmpilz	Macrolepiota rhacodes	49

Schleierling
Lila Dickfuß	Cortinarius traganus	83
Bereifte Klumpfuß	Phlegmacium multiforme *	82

Schneckling
Elfenbeinschneckling	Hygrophorus eburneus	84
Starkriechender Schneckling	Hygrophorus cossus *	84
Frostschneckling	Hygrophorus hypotheijus	86
Wohlriechender Schneckling	Hygrophorus agathosmus	85

Schüppling
Zigeuner, Reifpilz	Rozites caperata	82
Sparriger Schüppling	Pholiota squarrosa	96
Stockschwämmchen	Kuehneromyces mutabilis	94

Schwefelkopf
Grünblätteriger Schwefelkopf	Nematoloma fasciculare	91
Rauchblätteriger Schwefelkopf	Nematoloma capnoides	93
Ziegelroter Schwefelkopf	Nematoloma sublateritium	92

Schwindling
Nelkenschwindling	Marasmius oreades	89

Täubling
Apfeltäubling	Russula paludosa	52
Frauentäubling	Russula cyanoxantha	54
Graugrüner Täubling	Russula grisea *	54
Graustieltäubling weinroter	Russula obscura	57
Graustieltäubling orangeroter	Russula decolorans	56
Grünschuppiger Täubling	Russula virescens	55

		Seite
Heringstäubling (Nadelwald)	Russula xerampelina var. erythropus	53
(Birken)	Russula var. elaeodes *	
(Buchen)	Russula barlae *	
(Eichen)	Russula atroviolaceae *	
Rotstieliger Ledertäubling	Russula olivacea	59
Braunroter Ledertäubling	Russula integra	59
Weißstieliger Ledertäubling	Russula alutacea (Romellii)	59
Ockertäubling	Russula ochroleuca	58
Gallentäubling	Russula fellea *	58
Speisetäubling	Russula vesca	50
Speitäubling	Russula emetica	51
Zedernholztäubling	Russula badia	61
Zitronenblätteriger Täubling	Russula sardonia	60
Stachelbeertäubling	Russula queletii *	60

Stachelpilze

Gallenstachling	Sarcodon scabrosum	99
Habichtspilz	Sarcodon imbricatum	98
Widerlicher Stachling	Sarcodon laevigatum *	99
Semmelstoppelpilz	Hydnum repandum	97
Orangefuchsige Abart	var. rufescens *	97

Tintling

Grauer Faltentintling	Coprinus atramentarius	106
Glimmertintling	Coprinus micaceus *	106
Schopf-Tintling	Coprinus comatus	105
Totentrompete, Herbsttrompete	Craterellus cornucopioides	110

Trichterling

Nebelgrauer Trichterling	Clitocybe nebularis	80
Buchsblätterige Trichterling	Clitocybe alexandri *	80

Das praxisnahe
Buchprogramm
mit 1000 Tips
für jedermann!

Falken Bücher

Verlagsverzeichnis in Kurzfassung
(Die Zahl vor dem Titel entspricht der Bestellnummer)

BRIEFSTELLER, GLÜCKWÜNSCHE UND REDEN

			DM
0060	**Der neue Briefsteller.** Von I. Wolter-Rosendorf, 112 Seiten	kart.	5,80
0231	**Musterbriefe für alle Gelegenheiten.** Herausgegeben von Olaf Fuhrmann unter Mitarbeit von H. Kirst und D. Kellermann, 248 Seiten	kart.	9,80
0114	**Privatbriefe — Behördenkorrespondenz.** Von I. Wolter-Rosendorf, 80 Seiten	kart.	4,80
0041	**Geschäftliche Briefe des Privatmannes, Handwerkers u. Kaufmannes.** Von A. Römer, 96 Seiten	kart.	5,80
0138	**Erfolgreiche Bewerbungsbriefe und Bewerbungsformen.** Von W. Manekeller, 88 S.	kart.	4,80
0173	**Die erfolgreiche Bewerbung.** Von W. Manekeller, 152 Seiten	kart.	8,80
0156	**Neue Glückwunschfibel.** Von R. Christian-Hildebrandt, 96 Seiten	kart.	4,80
0264	**Glückwünsche, Toasts und Festreden zur Hochzeit.** Von I. Wolter, 86 Seiten	kart.	4,80
0155	**Von der Verlobungsfeier bis zur goldenen Hochzeit.** Von B. Ulrici, 80 Seiten	kart.	4,80
0318	**Kindergedichte zur Grünen, Silbernen und Goldenen Hochzeit.** Von H. J. Winkler, 80 Seiten	kart.	4,80
0255	**Großes Buch der Glückwünsche.** Hrsg.: Olaf Fuhrmann, 240 S., Zeichn.	kart.	9,80
0277	**Glückwunschverse für Kinder.** Von Bettina Ulrici, 80 Seiten	kart.	4,80
0069	**Festreden und Vereinsreden.** Von K. Lehnhoff, 72 Seiten	kart.	4,80
0208	**Damenreden.** Von D. Kellermann, 96 Seiten	kart.	5,80

MEHR WISSEN UND KÖNNEN

0005	**Richtiges Deutsch in Schrift und Sprache.** Von A. Buchholz, 104 Seiten	kart.	5,80
0272	**Reden — Verhandeln — Diskutieren.** Von Georg Bauer, 112 Seiten	kart.	7,80
0076	**Die Redekunst, Redetechnik, Rednererfolg.** Von Kurt Wolter, überarbeitet von Dr. W. Tappe, 80 Seiten	kart.	4,80
0170	**Maschinenschreiben durch Selbstunterricht, Band I.** Von O. Fonfara, 84 S., Abb.	kart.	4,80
0252	**Maschinenschreiben durch Selbstunterricht, Band II.** Von Hanns Kaus, 84 S., Abb.	kart.	4,80
0274	**Tipps+Tapps.** Maschinenschreib-Fibel für Kinder. Von Hanns Kaus, 48 S., Abb.	kart.	3,80
0266	**Stenografie — leicht gelernt.** Von Hanns Kaus, 64 Seiten	kart.	5,80
0253	**Deutsch für Spanier.** Von Juan M. Puente, 136 Seiten	kart.	8,80
0254	**Deutsch für Italiener.** Von I. Nadalin, 156 Seiten	kart.	8,80
0261	**Deutsch für Jugoslawen (serbo-kroatisch).** Von I. Hladek/E. Richter, 132 Seiten	kart.	8,80
0262	**Deutsch für Türken.** Von B. I. Rasch/E. Richter, 136 Seiten	kart.	8,80
0263	**Deutsch für Griechen.** Von Dr. G. Tzounakis, 124 Seiten	kart.	8,80
0100	**Rechnen aufgefrischt.** Von H. Rausch, 108 Seiten	kart.	5,80
0127	**Buchführung leicht gefaßt.** Von R. Pohl, 104 Seiten	kart.	6,80
0224	**Trinksprüche, Richtsprüche, Gästebuchverse.** Von D. Kellermann, 80 S., Illustrat.	kart.	4,80

DEUTSCH — IHRE NEUE SPRACHE — ein Kursusprogramm für Ausländer

0327	**Deutsch, Ihre neue Sprache.** Grundbuch. Von H. J. Demetz und M. Puente, 212 S. mit etwa 200 Abb.	kart.	14,80
0328	**Deutsch, Ihre neue Sprache.** Lehrerheft	kart.	3,80
0329	**Italienisch.** Glossar	kart.	6,80
0330	**Spanisch.** Glossar	kart.	6,80
0331	**Serbo-Kroatisch.** Glossar	kart.	6,80
0332	**Türkisch.** Glossar	kart.	6,80
0333	**Griechisch.** Glossar	kart.	6,80
0334	**Portugiesisch.** Glossar	kart.	6,80
0335	**Arabisch.** Glossar	kart.	6,80

		DM
0336	Englisch. Glossar	kart. 6,80
0337	Französisch. Glossar	kart. 6,80
0338	Tonband. 13 cm, 9,5 cm/sec., 91 Min., Doppelspur	89,—
0339	2 Compact-Cassetten. 90 Min., einspurig	36,—
0340	135 Diapositive. Texterschließung der Lehreinheiten I—X	180,—

EHE UND FAMILIE

0251	Vorbereitung auf die Geburt. Schwangerschaftsgymnastik, Atmung, Rückbildungsgymnastik. Von Sabine Buchholz, 112 Seiten, 91 Fotos	kart. 6,80
0211	Wie soll es heißen? Von D. Köhr, 88 Seiten, Abbildungen	kart. 4,80
0287	Kindergeburtstag. Von Dr. Ilse Obrig, 104 S., 40 Abb., 11 Zeichn., Lieder mit Noten	kart. 5,80
0241	Verse fürs Poesiealbum. Von I. Wolter, 96 Seiten, 20 Abbildungen	kart. 4,80
0212	Kleine Hochzeitsfibel. Von I. Wolter, 96 Seiten, Abbildungen	kart. 6,80
0288	Hochzeitszeitungen. Von Hans-Jürgen Winkler, 104 S., 15 Abb., 1 Musterzeitung	kart. 5,80
0063	Der gute Ton. Von I. Wolter, 152 S., 38 Zeichn. und 8 Tabellen mit 28 Abb.	kart. 6,80
0046	Erbrecht und Testament. Von Dr. jur. H. Wandrey, 96 Seiten	kart. 6,80
0359	Im Namen der Kinder. Hrsg. Klaus Meynersen, 128 Seiten, 9 Abb.	kart. 5,—

SKETSCHE UND VORTRAGSBÜCHER

0247	Sketsche. Von M. Gering, 132 Seiten mit 16 Illustrationen	kart. 6,80
0091	Vergnügliches Vortragsbuch. Von J. Plaut, dem Altmeister des Humors, 192 Seiten	kart. 6,80
0188	Die große Lachparade. Von E. Müller, 108 Seiten	kart. 6,80
0149	Lachen, Witz und gute Laune. Von E. Müller, 104 Seiten	kart. 5,80
0157	Humor für jedes Ohr. Von H. Ehnle, 96 Seiten	kart. 5,80
0163	Tolle Sachen zum Schmunzeln und Lachen. Von E. Müller, 91 Seiten	kart. 5,80
0098	So feiert man Feste fröhlicher. Von Dr. Allos, 96 Seiten	kart. 5,80
0284	Lustige Vorträge für fröhliche Feiern. Von K. Lehnhoff, 96 Seiten	kart. 6,80
0130	Karnevalsscherze und Büttenreden. Von Dr. Allos, 136 Seiten	kart. 6,80
0216	Narren in der Bütt. Zusammengestellt von Th. Lücker, 112 Seiten	kart. 5,80
0354	Damen in der Bütt. Scherze, Büttenreden, Sketche. Von Traudi Müller. 120 S.	kart. 6,80
0304	Helau und Alaaf. Närrisches aus der Bütt. Von Erich Müller, 112 S.	kart. 6,80

WITZE

0175	Starker Tobak — 2. Prise. Von K. von Löcknitz, 96 Seiten, Geschenkband	gbd. 6,80
0220	Der Stammtisch lacht. Von D. Mann, 96 Seiten, Geschenkband	kart. 6,80
0260	Wie hätten Sie's denn gern? Frechheiten und Witze zum Herrenabend. Von Fred Warden, 104 Seiten, Geschenkband	gbd. 6,80
0285	Ostfriesenwitze I. Gesammelt und herausgegeben von Onno Freese, 80 Seiten	kart. 3,—
0286	Ostfriesenwitze II. Gesammelt von Enno van Rentjeborgh, 80 Seiten	kart. 3,—
0294	Die Rache der Ostfriesen. Von Peter Körner, 80 Seiten	kart. 3,—
0325	Robert Lembkes Witzauslese. 160 Seiten mit 10 Zeichn. von H. E. Köhler	gbd. 14,80

GESELLIGKEIT, DENKSPORT UND QUIZ

0120	Fidelitas und Trallala. Von Dr. Allos, 104 Seiten, viele Abbildungen	kart. 6,80
0200	Wir lernen tanzen mit dem Ehepaar Fern. Von Ernst und Helga Fern, 168 Seiten, 125 Fotos und viele Schrittdiagramme	kart. 8,80
0249	Wir lernen Modetänze mit dem Ehepaar Fern. Von E. Fern, 128 S., mit 109 Fotos	kart. 7,80
0165	Lustige Tanzspiele und Scherztänze. Von E. Bäulke, 80 Seiten, Abbildungen	kart. 4,80
0192	Wir geben eine Party. Von R. Christian-Hildebrandt, 84 S., 8 Kunstdrucktafeln, Abb.	kart. 5,80

DIE WELT ENTDECKEN

Hier helfen erfahrene Fachleute jungen Menschen „Die Welt entdecken". Zündende Themen, mit modernsten Erkenntnissen aufbereitete Sachinformationen, wirklichkeitsgetreue Farbabbildungen, dazu ein Modellbauanhang bzw. Anregungen zum eigenen Experimentieren in jedem Band verlocken den Jugendlichen, sich mit seinem Interessengebiet eingehend zu beschäftigen. Ein ausführliches Sachwortregister ermöglicht ihm, auch neue Gebiete zu erforschen.

Hunde
Best.-Nr. 8015

Vorfahren des Hundes —
Wölfe und Schakale —
Hundeverehrung — Spuren-
und Jagdhunde — Erster
Hund im Weltraum —
Schoßhunde und Streuner —
Hunde im Dienste des
Menschen — Sheepdog
Trials in Australien —
Hüter und Wächter

Pferde
Best.-Nr. 8016

Wildpferde — Kriegs-
rösser — Zugpferde —
Sattel und Zaumzeug —
Wagenpferde — Rodeo und
Zirkus — Pferdestärken —
Rennen und Springreiten —
Anhang

Das Wetter
Best.-Nr. 8014

Mythen und Magie — Luft-
druck — Einfluß des Wetters
auf das Leben — Winde und
Wellen — Monsunregen —
Fluten und Katastrophen —
Wirbelstürme — Fronten
und Tiefs — Jetstreams —
Wettervorhersagen —
Wettersatelliten

**Leben und Materie
unter dem Mikroskop**
Best.-Nr. 8017

Die ersten Mikroskope —
Miniatur-Leben — Zellen —
Der menschliche Körper —
Präparieren — Elektronen-
mikroskope — Industrie-
forschung — Aufklärung
von Verbrechen — Metalle
und Mineralien — Klein-
fossilien — Projekte

Leben in der Urzeit
Best.-Nr. 8013

Ursprünge des Lebens —
Aus dem Meer auf das
Land — Reptilien — Dino-
saurier — Die Entwicklung der
Säugetiere — Die ersten
Menschen, ihr Leben und
ihre Waffen — Erforschung
der Urzeit — Fossilien-
funde und ihre Datierung

Weiterhin in dieser Reihe lieferbar:

Autos

Eisenbahnen

Flugzeuge

Schiffe

Ozeane

Weltraum

Umwelt

Das Erdinnere

Bewegliche Modelle

Kommunikationen

Der menschliche Körper

Altertum

Jeder Band DM 9,80

			DM
0362	**Denksport und Schnickschnack.** Von Jürgen Barto, 100 Seiten, 50 Abb.	kart.	6,80
0129	**Quiz.** Von R. Sautter, 96 Seiten	kart.	4,80
0246	**Großes Rätsel-ABC.** Von H. Schiefelbein, 416 Seiten, Efalin-Einband	gbd.	16,—
0182	**Rätsel lösen — ein Vergnügen.** Von E. Maier, 240 Seiten	kart.	9,80
0282	**Zaubertricks.** Von Jochen Zmeck, 244 Seiten, 115 Abbildungen	kart.	12,80

HOBBY — DO-IT-YOURSELF

0353	**Münzen.** Ein Brevier für Sammler. Von E. Dehnke, 128 S., viele Abbildungen	kart.	6,80
0291	**Freizeit mit dem Mikroskop.** Von Martin Deckart, 132 S., 60 Fotos u. 4 Zeichnungen	kart.	8,80
0322	**HiFi und Quadrophonie.** Von S. Spanger, 104 S., Abb.	kart.	7,80
0283	**Tonbandpraxis.** Von D. Pange, 84 Seiten, 15 Abbildungen	kart.	6,80
0342	**Schmalfilmen.** Von Uwe Ney. 100 S., viele Fotos, z. T. vierf., und Illustrationen	kart.	6,80
0320	**Häkeln und Makramee.** Von Dr. M. Stradal, 104 S., 243 Abb.	kart.	6,80
0205	**Stricken, häkeln, loopen.** Von Dr. M. Stradal, 96 Seiten, viele Abbildungen	kart.	5,80
0185	**Selbstschneidern — mein Hobby.** Von H. Wöhlert, 128 Seiten, Abbildungen	kart.	6,80
0183	**Moderne Bastelein für groß und klein.** Von I. Goldbeck, 84 S., viele Abbildungen	kart.	4,80
0269	**Das bunte Bastelbuch.** Von R. Scholz-Peters, 160 S., etwa 100 Abb., davon 40 farbig	kart.	8,80
0280	**Origami — die Kunst des Papierfaltens.** Von R. Harbin, 160 S., über 600 Zeichn.	kart.	8,80
0361	**Flugmodelle bauen und fliegen.** Von W. Thies/W. Rolf, 160 Seiten, ca. 90 Abb. und 5 Faltpläne	kart.	9,80
0243	**Heimwerker-Handbuch.** Basteln und Bauen mit elektrischen Heimwerkzeugen. Von Bernd Käsch, 192 Seiten mit 180 Fotos und Zeichnungen	kart.	9,80
0289	**Selbst tapezieren und streichen.** Von D. Heitmann u. J. Geithmann, 96 S., 49 Fotos	kart.	5,80

DIE WELT ENTDECKEN

Farbig ausgestattete Jugendsachbücher für das Alter ab 8 Jahren
Aufgenommen in die Auswahlliste des Deutschen Jugendbuchpreises:

8001	**Autos.** Von Robert Wyatt, 48 S., 150 größtenteils vierfarbige Abb.	Pbd.	9,80
8002	**Eisenbahnen.** Von Rixon Bucknall, 48 S., 126 größtenteils vierfarbige Abb.	Pbd.	9,80
8003	**Flugzeuge.** Von Kenneth Munson, 48 S., 132 größtenteils vierfarbige Abb.	Pbd.	9,80
8004	**Schiffe.** Von Brian Benson, 48 S., 119 größtenteils vierfarbige Abb.	Pbd.	9,80
8005	**Ozeane.** Von Keith Andrews, 48 Seiten, ca. 150 größtenteils vierfarbige Abb.	Pbd.	9,80
8006	**Weltraum.** Von Kenneth Gatland, 48 S., ca. 150 größtenteils vierfarbige Abb.	Pbd.	9,80
8007	**Der Mensch und seine Umwelt.** Von A. Harris, 48 S., ca. 150 größtenteils vierf. Abb.	Pbd.	9,80
8008	**Die Erforschung des Erdinnern.** Von A. Davis, 48 S., ca. 150 größtenteils vierf. Abb.	Pbd.	9,80
8009	**Bewegliche Modelle zum Selbstbasteln.** Von H. T. Sutton, 48 S., über 150 Abb.	Pbd.	9,80
8010	**Kommunikationen.** Von J. Bear, 48 S., über 140 größtenteils vierf. Abb.	Pbd.	9,80
8011	**Der menschliche Körper.** Von J. Noel, 48 S., über 120 größtenteils vierf. Abb.	Pbd.	9,80
8012	**Altertum.** Von C. Goff, 48 S., über 120 größtenteils vierf. Abb.	Pbd.	9,80
8013	**Urzeit.** Von R.-A. Gale, 48 S., über 100 größtenteils vierf. Abb.	Pbd.	9,80
8014	**Das Wetter.** Von Bill Bailey, 48 Seiten, viele farbige Abb.	Pbd.	9,80
8015	**Hunde.** Von Rex Marchant, 48 Seiten, viele farbige Abb.	Pbd.	9,80
8016	**Pferde.** Von T. Webber, 48 Seiten, weit über 100, größtenteils vierfarbige Abb.	Pbd.	9,80
8017	**Mikroskop.** Von P. Kirkpatrick, 48 Seiten, über 100, größtenteils vierfarbige Abb.	Pbd.	9,80

SPORT

0065	**Jiu-Jitsu.** Von B. Kressel, 84 Seiten, 83 Abbildungen	kart.	5,80
0111	**Neue Kniffe und Griffe im Jiu-Jitsu/Judo.** Von E. Rahn, 84 Seiten, 142 Fotos	kart.	5,80
0314	**Karate für alle.** Von Albrecht Pflüger. 112 Seiten mit 354 Fotos	kart.	8,80
0227	**Karate — ein fernöstlicher Kampfsport Band I.** Von A. Pflüger, 136 Seiten mit über 200 Fotos und Zeichnungen	kart.	9,80
0239	**Karate — Band II.** Von A. Pflüger, 160 Seiten mit 254 Abbildungen	kart.	9,80
0248	**Aikido.** Modernste japanische Selbstverteidigung. Von Gerd Wischnewski, 132 Seiten, 250 Abbildungen	kart.	9,80
0347	**Taekwon-Do.** Von K. Gil, 152 S., 387 Fotos	kart.	12,80
0305	**Judo.** Grundlagen und Methodik. Von Mahito Ohgo, 204 S., etwa 1000 Fotos	kart.	14,80
0276	**Ju-Jutsu.** Waffenlose Selbstverteidigung. Von W. Heim/F.-J. Gresch, 155 S., Abb.	kart.	9,80
3043	**Ju-Jutsu im Bild.** Von Rolf-Jürgen Krutwig, 96 Seiten, 112 Abb.	gbd.	9,80
0352	**Judo.** Go Kyo-Kampftechniken. Von M. Ohgo, 152 S., über 400 Abb.	kart.	16,80
0233	**Sicher durch Selbstverteidigung.** Von A. Pflüger, 136 S., 310 Fotos u. Zeichnungen	kart.	7,80

FALKEN BUNTE WELT

Antiquitäten
(4105) herausgegeben von Peter Philp, übersetzt von Britta Zorn, 144 Seiten mit über 250 Abbildungen, davon ca. 75 vierfarbig, Format 21 x 29 cm, gebunden, DM 19,80

Edelsteine und Mineralien
(4102) Von I. O. Evans, deutsch von K. F. Hasenklever, 128 Seiten, 140 vierfarbige und schwarz-weiße Abbildungen, gebunden, DM 19,80

Indianer
(4106) Von Royal B. Hassrick, übersetzt von Friedrich Griese, 144 Seiten mit 200 Fotos, teils in Farbe, Format 21 x 29 cm, gebunden, DM 19,80

Feuerwaffen
(4101) Von Richard Akehurst, deutsch von Elisabeth Schwarz, 128 Seiten, 170 vierfarbige und schwarz-weiße Abbildungen, gebunden, DM 19,80

Wildtiere Europas
(4104) Von Maurice Burton. Deutsche Bearbeitung Michael Geisthardt, 172 Seiten, durchgehend vierfarbig mit 230 Abbildungen, gebunden, DM 24,—

Pferde
(4103) Von Judith Campbell, deutsch von Angelika Haug, 128 Seiten, 154 vierfarbige und schwarz-weiße, zum Teil nie veröffentlichte Fotos, gebunden, DM 19,80

			DM
0321	**Gesundheit und Spannkraft durch Yoga.** Von Dr. L. Frank und U. Ebbers, 120 Seiten, 50 Fotos	kart.	6,80
0341	**Yoga für Jeden mit Kareen Zebroff.** 142 Seiten, 135 Abb.	kart.	18,—
0349	**Yoga für Mütter und Kinder.** Von Kareen Zebroff, 128 Seiten, 139 Abbildungen	kart.	18,—
3039	**Kendo im Bild.** Japanisches Schwertfechten. Von Rolf-Jürgen Krutwig, 96 Seiten, 135 Abb.		
3035	**Reiten im Bild.** Von U. Richter, 124 S., 180 Abb., Großformat	gbd.	9,80
3041	**Eislauf im Bild.** Von Manfred Schnelldorfer, 124 S., 140 Fotos	gbd.	12,80
0279	**Basketball. Übungen und Technik für Schule und Verein.** Von Chris Kyriasoglou, 116 Seiten, 186 Fotos, 164 Zeichnungen	gbd.	9,80
0351	**Volleyball.** Von H. Huhle, 102 S., 100 Abb.	kart.	12,80
0343	**Golf.** Von J. C. Jessop, 160 S., 50 Fotos	kart.	9,80
0350	**Bowling.** Von L. Belissimo, 144 S., Fotos	kart.	14,80
0191	**Fibel für Kegelfreunde.** Von G. Bocsai, 80 Seiten, über 60 Abbildungen	kart.	9,80
0271	**Beliebte und neue Kegelspiele.** Von G. Bocsai, 92 Seiten, Zeichnungen	kart.	4,80
0363	**Tischtennis modern gespielt.** Von O. Brucker/T. Harangozo, 120 Seiten, 65 Abb.	kart.	4,80
0198	**Angeln.** Von E. Bondick, 96 Seiten mit über 100 Abbildungen	kart.	9,80
0324	**Sportfischen.** Von Helmut Oppel, 144 Seiten mit Fotos, Abb. und Farbtafeln	kart.	4,80
0267	**Tauchen — Grundlagen, Training, Praxis.** Von W. Freihen, 136 Seiten, 50 Fotos	kart.	8,80
0316	**Segeln.** Von H. und L. Blasy, 112 Seiten, 54 Fotos und Abb.	kart.	9,80
0366	**Gesund und fit durch Gymnastik.** Von H. Pilss-Samek, 132 S. mit 150 Abb.	kart.	6,80
0367	**Kung Fu — Grundlagen, Technik, mit 370 Fotos.** Von Bruce Tegner, deutsche Bearbeitung von Albrecht Pflüger, 182 S.	kart.	7,80
0369	**Skischule.** Von Ch. und R. Kerler, 128 Seiten mit 100 Fotos	kart.	14,80
		kart.	7,80

GARTEN, PFLANZEN, TIERE UND NATUR

0300	**Ikebana Band 1: Moribana.** Von Gabriele Vocke, 160 S., 40 Vierfarbtafeln, über 50 Schwarzweißfotos und Grafiken	Ppb.	19,80
0348	**Ikebana Band 2: Nageire.** Von G. Vocke, ca. 160 S., 32 Farbtafeln	Ppb.	19,80
0319	**Arbeitsheft zum Lehrbuch IKEBANA Bd. 1.** Von G. Vocke, 79 S., zahlreiche Grafiken	kart.	6,80
0275	**Der Rasen um unser Haus.** Von Inge Manz, 96 Seiten, Abbildungen	kart.	8,80
0199	**Fibel für Kakteenfreunde.** Von H. Herold, 92 Seiten, Farbtafeln	kart.	6,80
0245	**Die farbige Kräuterfibel.** Von I. Gabriel, 196 S., 144 Abb., davon 49 farbig	kart.	12,80
0215	**Das farbige Pilzbuch.** Von Keller-Kronberger, 132 Seiten, 105 farbige Abbildungen	gbd.	8,80
0009	**Das neue Hundebuch.** Von W. Busack, überarbeitet von Dr. Hacker, 64 Seiten, zahlreiche Abbildungen auf Kunstdrucktafeln	kart.	5,80
0346	**Hundeausbildung.** Von R. Menzel, 94 S., 18 Fotos	kart.	7,80
0073	**Der deutsche Schäferhund.** Von Dr. Hacker, 104 S., viele Abb. auf Kunstdrucktafeln	kart.	6,80
0153	**Das Süßwasser-Aquarium.** Von W. Baehr, 132 S., Zeichn. und mehrfarbige Tafeln	kart.	6,80
0281	**Das Meerwasser-Aquarium.** Von Hans J. Mayland, 146 S., 200 Abb., viele vierfarbig	kart.	9,80
0290	**Vögel.** Ein Beobachtungs- und Bestimmungsbuch. Von Dr. Winfried Potrykus, 120 Seiten, 176 Abbildungen davon 160 farbig	gbd.	9,80

ESSEN, TRINKEN UND HAUSHALT

0323	**Miekes Kräuter- und Gewürzkochbuch.** Von I. Persy und K. Mieke, 96 S., 8 Farbt.	kart.	6,80
0326	**Mikrowellen-Kochen.** Von Alexander Spoerl, 80 Seiten, Zeichn. und 8 Farbtafeln	kart.	6,80
0315	**Modern Kochen.** 104 Seiten, 8 Farbtafeln	kart.	6,80
0345	**Garen im Herd.** Von E. Exner, 96 S., 9 Farbtafeln	kart.	6,80
0317	**Computer-Menüs zum Schlankwerden.** Von Dr. Maria Wagner und Ulrike Schubert, 92 Seiten, mit vielen Tabellen	kart.	6,80
0364	**Alles mit Obst.** Von M. Hoff/B. Müller, 96 Seiten, 8 Farbtafeln	kart.	6,80
0360	**Schonkost heute.** Von M. Oehlrich/U. Schubert, 140 Seiten, 8 Farbtafeln	kart.	9,80
0344	**Gesünder essen.** Schonkost. Von H. Keil, 96 S., 9 Farbtafeln	kart.	6,80
0265	**Schnell gekocht — gut gekocht.** Von Irmgard Persy, 96 Seiten, vierfarbige Tafeln	kart.	6,80
0169	**Leckereien vom Spieß oder Grill.** Von J. Zadar, 80 Seiten, Abbildungen	kart.	5,80
0222	**88 köstliche Salate.** Von Chr. Schönherr, 104 Seiten, 8 Farbtafeln	kart.	6,80
0357	**Saucen.** Von Giovanni Cavestri, 96 S., 12 Farbtafeln	kart.	7,80
0365	**Fritieren — neu.** Von Marianne Bormio, 96 Seiten	kart.	6,80
0370	**Selbst Brotbacken.** Von Jens Schiermann, 80 Seiten	kart.	6,80
0356	**Tee für Genießer.** Von Marianne Nicolin, 64 S., 4 Farbt.	kart.	5,80
0075	**Cocktails und Mixereien.** Von J. Walker, 104 Seiten, Zeichnungen	kart.	4,80
0187	**Neue Cocktails und Drinks.** Von Chr. Taylor, 84 Seiten, Zeichnung., Geschenkband	kart.	6,80

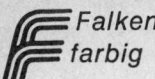

Falken farbig

Falken-farbig ist eine Auswahl praktischer und preiswerter Gebrauchsbücher, mit herrlichen Farbbildern ausgestattet. Die Titel sind besonders zum Verschenken geeignet: Für Freunde und Kollegen, für anspruchsvolle Liebhaber schöner Dinge, für Spezialisten und Hobbyisten.

Oldtimer
Von H. P. Tillenburg. Geb., DM 9,80
64 Seiten, über 50 Farbabb., Best.-Nr. 5019

Desserts und süße Leckerbissen
Von Margit Gutta. Geb., DM 9,80
64 Seiten, 38 Farbabb., Best.-Nr. 5020

Kakteen
Von Werner Hoffmann. Geb., DM 9,80
64 Seiten, 67 Farbabb., Best.-Nr. 5021

Österreichische Küche
Von Helga Holzinger. Geb., DM 9,80
64 Seiten, 35 Farbabb., Best.-Nr. 5022

Zimmerpflanzen
Von Inge Manz. Geb., DM 9,80
64 Seiten, 98 Farbabb., Best.-Nr. 5010

Fondues
Von Eva Exner. Geb., DM 9,80
64 Seiten, 20 Farbabb., Best.-Nr. 5006

Weiterhin sind in dieser Reihe erschienen:

für Hobbyköche und Genießer:

Grillen
(Best.-Nr. 5001)
Salate
(Best.-Nr. 5002)
Der schön gedeckte Tisch
(Best.-Nr. 5005)
Chinesisch kochen
(Best.-Nr. 5011)
Kalte Platten
(Best.-Nr. 5015)
Französisch kochen
(Best.-Nr. 5016)
Mixen
(Best.-Nr. 5017)

für Garten- und Blumenfreunde:

Gärtnern für Anfänger
(Best.-Nr. 5004)
Blumenpracht im Garten
(Best.-Nr. 5014)

für Hobby und Freizeit:

Aquarienfische
(Best.-Nr. 5003)
Heiße Öfen
(Best.-Nr. 5008)
Segeln
(Best.-Nr. 5009)
Die Selbermachers renovieren ihre Wohnung
(Best.-Nr. 5013)
Tanzstunde
(Best.-Nr. 5018)

für Kinder:

Lirum, larum, Löffelstiel
(Best.-Nr. 5007)
Zeichnen und malen leicht gemacht
(Best.-Nr. 5012)

GESUNDHEIT UND SCHÖNHEIT

DM
- 0110 **Fibel für Zuckerkranke.** Von Dr. med. Th. Kantschew, 132 S., Zeichn. und Tab. kart. 6,80
- 0106 **Die Leber- und Gallenleiden.** Von Dr. med. W. Rohrbach, Dr. med. F. Hube. 72 S. kart. 6,80
- 0259 **Gesund und schön.** Kosmetikbrevier für die moderne Frau. Von Johanna Gottschalk, 120 Seiten, etwa 80 Zeichnungen und Fotos . . . . kart. 6,80

KARTEN-, UNTERHALTUNGS- UND ANDERE SPIELE

- 0095 **Neues Buch der Kartenspiele.** Von K. Lichtwitz, 84 Seiten . . . . kart. 4,80
- 0206 **Das Skatspiel.** Von K. Lehnhoff, bearbeitet von Alt-Skatmeister P. A. Höfges, 96 S. kart. 4,80
- 0141 **Die Bridge-Fibel.** Von H. Landsberg, 144 Seiten . . . . kart. 9,80
- 0104 **Das Schachspiel.** Von W. Wollenschläger, 72 Seiten, Diagramme . . . . . . kart. 4,80
- 0219 **Taktik und Probleme des Schachspiels.** Von R. Teschner, 96 Seiten, viele Schachdiagramme . . . . kart. 5,80
- 0121 **Roulette richtig gespielt.** Von M. Jung, 96 Seiten, zahlreiche Tabellen . . . . kart. 6,80
- 0270 **Spiele für zwei Personen.** Von I. Wolter, 148 Seiten, viele Zeichnungen . . . . kart. 6,80
- 0202 **Spiele für unsere Kleinen.** Von D. Kellermann, 84 Seiten, Skizzen und Noten . . kart. 4,80

FALKEN FARBIG

- 5001 **Grillen.** Von Inge Zechmann, 64 Seiten, 38 Farbabb. . . . . gbd. 9,80
- 5002 **Salate.** Von Inge Zechmann, 64 Seiten, 47 Farbabb. . . . . gbd. 9,80
- 5003 **Aquarienfische des tropischen Süßwassers.** Von Hans J. Mayland, 64 Seiten, 98 Farbabb. . . . . gbd. 9,80
- 5004 **Gärtnern für Anfänger.** Von Inge Manz, 64 Seiten, 38 Farbabb. . . . . gbd. 9,80
- 5005 **Der schön gedeckte Tisch.** Von R. Stender, 64 S., 62 Farbabbildungen . . . . gbd. 9,80
- 5006 **Fondues.** Von Eva Exner, 64 Seiten, 20 Farbabbildungen . . . . gbd. 9,80
- 5007 **Lirum, larum Löffelstiel.** Ein Kinderkochkursus. Von I. Becker, 64 Seiten, 50 vierfarbige Abb. und Illustrationen, Spiralheftung . . . . kart. 7,80
- 5008 **Heiße Öfen.** Von H. Briel, 64 S., 63 Farbabb. . . . . gbd. 9,80
- 5009 **Segeln.** Von Horst Müller, 64 S., 40 Farbabb. . . . . gbd. 9,80
- 5010 **Zimmerpflanzen.** Von I. Manz, 64 S., 98 Farbabb. . . . . gbd. 9,80
- 5011 **Chinesisch kochen.** Von K.-H. Haß, 64 S., 33 Farbabb. . . . . gbd. 9,80
- 5012 **Zeichnen und malen leicht gemacht.** Von C. Timm, 64 S., 120 Farbabb. . . . . gbd. 9,80
- 5013 **Die Selbermachers renovieren Ihre Wohnung.** Von W. Köhnemann, 148 S., viele Farbabb. . . . . kart. 14,80
- 5014 **Blumenpracht im Garten.** Von Inge Manz, 64 Seiten, 93 Farbabb. . . . . . . gbd. 9,80
- 5015 **Kalte Platten — Kalte Büfetts.** Von Margit Gutta, 64 Seiten, 33 Farbabb. . . . gbd. 9,80
- 5016 **Französisch kochen.** Von Margit Gutta, 64 Seiten, 35 Farbabb. . . . . gbd. 9,80
- 5017 **Mixen mit und ohne Alkohol.** Von Holger Hofmann, 64 Seiten, 35 Farbabb. . . . gbd. 9,80
- 5018 **Tanzstunde.** Von Gerhard Hädrich, 118 Seiten, ca. 370 Fotos und Schrittskizzen . gbd. 15,—
- 5019 **Oldtimer.** Die technische Entwicklung des Autos. Von H. P. Tillenburg, 64 Seiten, über 50 Fotos . . . . gbd. 9,80
- 5020 **Desserts und süße Leckerbissen.** Von M. Gutta, 64 Seiten mit 38 Farbabb. . . . gbd. 9,80
- 5021 **Kakteen. Herkunft, Anzucht, Pflege.** Von Werner Hoffmann, 64 Seiten mit 67 Farbabbildungen . . . . gbd. 9,80
- 5022 **Österreichische Küche.** Von Helga Holzinger, 64 Seiten mit 35 Abb. . . . . . gbd. 9,80

FALKEN + ASS

- 2001 **Kartenspiele.** Von C. D. Grupp, 144 Seiten . . . . kart. 7,80
- 2002 **Spielend Schach lernen.** Von Th. Schuster, 128 Seiten . . . . kart. 7,80
- 2003 **Patiencen in Wort und Bild.** Von I. Wolter, 136 S. . . . . kart. 7,80
- 2004 **Spieltechnik im Bridge.** Von V. Mollo / N. Gardener, deutsche Adaption von D. Schröder, etwa 200 Seiten . . . . kart. 16,80
- 2005 **Alles über Skat.** Von G. Kirschbach, 144 Seiten . . . . kart. 7,80
- 2006 **Gesellschaftsspiele für drinnen und draußen.** Von Heinz Görz, 128 S. . . . . kart. 6,80
- 2007 **Würfelspiele.** Von Friedrich Pruss, 112 Seiten . . . . kart. 6,80
- 2008 **Backgammon für Anfänger und Könner.** Von G. W. Fink und G. Fuchs, 112 Seiten, viele Zeichnungen . . . . kart. 6,80
- 2009 **Kinderspiele, die Spaß machen.** Von H. Müller-Stein, 112 Seiten mit vielen Abb. kart. 6,80
- 2010 **Kartentricks.** Von T. A. Rosée, 80 Seiten, viele Zeichnungen . . . . kart. 5,80

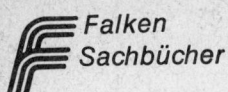 **Falken Sachbücher**

FAMILIE UND FREIZEIT

Das Aquarium
Einrichtung, Pflege und Fische für Süß- und Meerwasser
352 Seiten mit über 200 Farbabbildungen und Farbtafeln sowie 150 Zeichnungen und Skizzen
DM 36,— (Best.-Nr. 4029)

Moderne Fotopraxis
Bildgestaltung · Aufnahmepraxis · Kameratechnik · Fotolexikon
360 Seiten mit über 200 Abbildungen, davon 50 vierfarbig
DM 29,80 (Best.-Nr. 4030)

Der praktische Hausarzt
768 Seiten, über 550 Abbildungen und 16 Farbtafeln
DM 19,80 (Best.-Nr. 4011)

Ikebana-modern
Die Kunst des Blumenarrangierens
168 Seiten, davon 40 ganzseitige Vierfarbtafeln und viele Zeichnungen, DM 36,— (Best.-Nr. 4031)

Großes Kräuter- und Gewürzbuch
608 Seiten, 40 Farbtafeln und etwa 300 Abbildungen, gebunden DM 26,—
(Best.-Nr. 4026)
Eine Zusammenstellung von über 300 Kräutern und ihre Anwendung als Heilpflanzen und Gewürze

Zeitgemäße Beschäftigung mit Kindern
512 Seiten, 16 Farbtafeln,
DM 29,80 (Best.-Nr. 4025)

Basteln und werken
mit tesa — farbenfroh und kinderleicht
256 Seiten, über 300 vierfarbige Abbildungen, Pappband,
DM 22,— (Best.-Nr. 4018)

DIE GROSSEN FALKENBÜCHER

4003 Ich bekomme ein Kind
Von Ursula Klamroth und Wibke Bruhns unter Mitarbeit mehrerer Fachärzte. 268 Seiten, 90 Fotos und 32 Grafiken, gbd., vierfarbiger Schutzumschlag, DM 16,80

4009 Großes Buch festlicher Reden und Ansprachen
Eine Mustersammlung insbesondere für öffentlich-rechtliche und wirtschaftliche Veranstaltungen. Unter Mitwirkung zahlreicher Fachautoren, herausgegeben von Dipl.-Kfm. Frank Sicker. 448 Seiten, Lexikon-Format, Ganzleinen gebunden. DM 34,—

4011 Der praktische Hausarzt
Ein hausärztlicher Ratgeber. Unter Mitarbeit vieler Fachärzte koordiniert von Dr. Eric Weiser. 700 Seiten, über 500 Fotos und Zeichnungen sowie 16 mehrfarbige Bildtafeln. Format 17 x 24 cm, Festband, cellophanierter Schutzumschlag, DM 19,80.

Aus dem Inhalt: Bau und Funktion des menschlichen Körpers — Gesunde Lebensweise — Natürliche Hygiene des Geschlechts- und Ehelebens — Gesundheitspflege der Frau, des Säuglings und Kindes — Der kranke Mensch und seine Behandlung — Das Naturheilverfahren und praktische Ratschläge für Krankheit und Unfall — Erste Hilfe bei Unfällen — Die verschiedenen Diätformen.

4013 Judo — Grundlagen des Stand- und Bodenkampfes
Geschlossener Lehrgang sämtlicher Judo-Techniken von W. Hofmann. 228 Seiten, fast 600 Fotos, Großformat, gebunden DM 26,—

Wolfgang Hofmann ist Deutschlands erfahrenster Judo-Fachmann. Nach 12 deutschen und 3 Europa-Meisterschaften krönte er seine sportliche Laufbahn mit der Silbermedaille bei der Olympiade in Tokio.

4014 Moderne Korrespondenz
Von H. Kirst und W. Manekeller. 568 Seiten, gebunden DM 36,—

Durch bessere Briefe mehr Erfolg! Hier liegt der umfassende Ratgeber aus der Praxis für die Praxis unter Berücksichtigung aller Formen und DIN-Normen vor.

4015 Umgangsformen heute
Die Empfehlungen des Fachausschusses für Umgangsformen. 308 Seiten, ca. 150 Fotos und 50 Abbildungen, gebunden, DM 24,—

4018 Basteln und werken mit tesa
Farbenfroh und kinderleicht. Von Friedericke Baresel-Anderle. 256 Seiten, über 300 vierfarbige Abbildungen, Pappband, DM 22,—

Über 200 Bastelanleitungen für die verschiedensten Materialien: Papier, Karton, Pappe, Filz, Leder, Holz, Kreide, Draht und Metall sowie für Materialien aus der Natur und dem Haushalt.

4022 Der große Rätselknacker
Über 100 000 Rätselfragen. Zusammengestellt von H.-J. Winkler, 544 Seiten, Lexikonformat, kart. DM 19,80

4024 Flugzeuge
Von E. Angelucci, deutsche Bearbeitung von Edouard Schartz. 288 Seiten, viele Farbabbildungen, Balacron-gbd. DM 36,—
1000 Maschinen aus aller Welt mit sämtlichen technischen Daten — vom ersten Fluggerät bis zum Überschalljet.

4025 Zeitgemäße Beschäftigung mit Kindern
Von Ingeborg Rathmann. 496 Seiten, über 400 Abb., gebunden DM 29,80
Vielfältige Anregungen zum Spielen, Lernen und zur Unterhaltung für kleine und große Kinder.

4026 Großes Kräuter- und Gewürzbuch
Von Heinz Görz. 648 Seiten, über 200 Zeichnungen, farbig, geb. DM 26,—
Heilkräuter-Erkennung und ihre Anwendung, Gewürzgewinnung, Lagerung und Verarbeitung. Mit vielen Rezepten.

4027 Preiswert kochen
Von Eva Exner, 208 Seiten, 8 Farbtafeln, geb. DM 19,80
400 Rezepte und praktische Tips für sparsame Hausfrauen. Ratschläge für Vorratshaltung, Resteverwertung und preisgünstige Sonderangebote je nach Jahreszeit.

4028 Karate-Do
Das Handbuch des modernen Karate.
Von Albrecht Pflüger, 360 Seiten, über 1100 Abb., geb. DM 28,—
Eine umfassende und mit über 1100 Abbildungen illustrierte Darstellung des modernen Karate für Anfänger, Fortgeschrittene und Meister.

4029 Das Aquarium
Einrichtung, Pflege und Fische für Süß- und Meerwasser. Von Hans J. Mayland, 352 Seiten mit über 200 Farbabbildungen und Farbtafeln sowie 150 Zeichnungen und Skizzen, Format 19,5 x 21 cm, Balacron mit vierfarbigem Schutzumschlag, abwaschbare Polyleinprägung, DM 36,—

4030 Moderne Fotopraxis
Bildgestaltung — Aufnahmepraxis — Kameratechnik. Fotolexikon. Von Wolfgang Freihen, 360 Seiten mit über 200 Abbildungen, davon 50 vierfarbig, Format 19,5 x 21 cm, Balacron mit vierfarbigem Schutzumschlag, abwaschbare Polyleinprägung, DM 29,80

4031 Ikebana modern
Die Kunst des Blumenarrangierens. Von G. Vocke, 168 S., davon 40 ganzseitige Vierfarbtafeln und viele Zeichnungen, Format 21 x 26 cm. Ganzleinen mit vierfarbigem, cellophaniertem Schutzumschlag, DM 36,—

FALKEN BUNTE WELT

4101 Feuerwaffen
Von Richard Akehurst. 128 Seiten, 170 vierfarbige und schwarz-weiße Abbildungen, gebunden DM 19,80

4102 Edelsteine und Mineralien
Von I. O. Evans, 128 Seiten, 140 vierfarbige und schwarz-weiße Abbildungen, gebunden DM 19,80

4103 Pferde
Von Judith Campbell. 140 Seiten, 154 vierfarbige und schwarz-weiße Abbildungen, gebunden DM 19,80

4103 Wildtiere Europas
Von Maurice Burton, deutsche Bearbeitung Michael Geisthardt, 172 Seiten, 230 farbige Abbildungen, geb. DM 24,—
Die heute in Europa in freier Natur lebenden Tiere werden in einer Fülle prächtiger vierfarbiger Bilder vorgestellt.

4105 Antiquitäten
Von Peter Philp. 144 Seiten mit über 250 Abbildungen, davon ca. 75 vierfarbig, gebunden, DM 19,80

4106 Indianer
Von Royal B. Hassrick, 144 Seiten mit 200 Fotos, teils in Farbe, geb., DM 19,80

Wilhelm Busch-Ausgaben

3028 Wilhelm-Busch-Album. 405 Seiten, 1700 farbige Abb. . . . . Ln. DM 36,—
3062 Humoristischer Hausschatz. Von W. Busch, 368 S., 1600 Abb. gbd. DM 16,80
3032 Kritik des Herzens. Von W. Busch, 100 Seiten . . . . gbd. DM 9,80
3034 Schein und Sein. Gedichte, von W. Busch, 114 Seiten . . . Ln. DM 9,80

Sonderausgaben

9041 Das große Gartenbuch. Von J. K. Gassner. 320 Seiten, viele ein- und mehrfarbige Abbildungen. Großformat. . . . . gbd. DM 12,80
9038 Gut kochen. Von Stefanie Michael. Über 500 Rezepte mit genauer Kalorienangabe auf 230 Seiten mit 16 Farbtafeln. . . . gbd. DM 9,80

Falls durch Preiserhöhungen der Lieferanten Änderungen erforderlich werden, erfolgt Auftragserledigung zu dem bei Lieferung gültigen Preis.

Alle hier genannten Preise entsprechen dem Stand bei Drucklegung dieses Verzeichnisses.

FALKEN-VERLAG ERICH SICKER KG - 6272 NIEDERNHAUSEN/Ts.

BESTELLSCHEIN (Bitte ausschneiden und als Briefdrucksache frankiert im Umschlag einsenden)

Ich bestelle hiermit aus dem Falken-Verlag, 6272 Niedernhausen/Ts., Postf. 1120 durch die Buchhandlung:

.... Ex. ....

.... Ex. ....

.... Ex. ....

.... Ex. ....

.... Ex. ....

Name: .... Ort: ....

Beruf: .... Straße u. Nr. ....

Datum: .... Unterschrift: ....